AF309303

MÉMOIRES

DE

J. P. THIERY,

DE VERDUN,

ADJUDANT COMMANDANT, EN 1814, LES SURVEILLANS DES PALAIS DE VERSAILLES, TRIANONS, *etc.*

Écrits par lui-même;

OU

SES NEUF JUGEMENS,

Dédiés au Barreau Français.

2me ÉDITION.

Hélas! on voit que de tout tems,
Les petits ont pâti des sottises des grands.

SAINTE-MÉNEHOULD,

CHEZ POIGNÉE-DARNAULD, IMPRIMEUR-LIBRAIRE.

1835.

Cet ouvrage se trouve chez tous les principaux
Libraires de Paris et des Départemens; et dans
tous les Cabinets de lecture.

S.te-Ménehould, Imp. de Poignée.

A Monsieur

Le Maréchal Comte Gérard,

Pair de France, etc. etc.

Monsieur le Maréchal et illustre compatriote,

Non seulement la lettre dont vous m'avez honoré relativement à mes mémoires, mais encore les relations, *tant comme bons voisins, que comme fonctionnaires publics,* qui ne cessèrent d'exister en votre respectable père, et celui de mon épouse, me font prendre la respectueuse liberté, Monsieur le Maréchal, de vous prier de vouloir bien agréer l'hommage de cette nouvelle édition. Vous y remarquerez,

Monsieur le Maréchal, que ce n'est que mon inex-
périence sur les choses et les hommes, et surtout
ma trop grande confiance envers ces derniers, qui
m'ont précipité dans un abîme qui semblait ne pouvoir se combler pour moi ; mais qu'une conscience
pure, et de bonnes intentions suffisent pour donner
à l'homme le courage d'affronter les plus grands
dangers, et de supporter des injustices non méritées.

J'ai l'honneur d'être,

Monsieur le Maréchal, et illustre compatriote,

Avec le plus profond respect,

Votre très-humble
et très-obéissant serviteur.

J. P. THIERY.

EXTRAIT DES JOURNAUX

DE PARIS ET DES DÉPARTEMENS.

Constitutionnel du dimanche 7 juin 1835.

« Une des plus intéressantes victimes des haines politiques de la restauration, M. Thiery, a consigné dans ses *Mémoires* l'histoire de ses malheurs : condamné deux fois à mort, puis aux travaux forcés à perpétuité, ensuite à l'emprisonnement, ce citoyen est parvenu à faire triompher son innocence par la seule évidence des faits ; mais ce n'est qu'après plusieurs années de souffrances qui ont laissé des traces ineffaçables sur le reste d'une vie tourmentée par tant de persécutions.

Le récit de ses infortunes n'attache pas seulement par le tableau des vicissitudes qu'elles ont éprouvées, il renferme en outre un solennel avertissement aux passions politiques. Une seconde édition de ses *Mémoires* va paraître, et nous faisons des vœux pour que les malheurs passés de M. Thiery contribuent au soulagement de ses malheurs présens. Déjà un grand nombre de personnages importants se sont fait inscrire sur la liste des souscripteurs, leur exemple sera sans doute suivi par tous les citoyens qui ont à cœur de voir une grande injustice réparée. »

JOURNAL DES DÉBATS, du 11 juin 1835.

« M. J. P. Thiery, de Verdun, garde-général forestier en retraite, vient de publier le récit de neuf procès qu'il a eu à soutenir sous la restauration, pour repousser de lui la calomnie qui s'acharnait à le poursuivre. Condamné deux fois à la peine de mort, une fois aux travaux forcés à perpétuité, et une troisième fois à quinze mois d'emprisonnement, il a su, à force de persévérance et de courage, appuyé qu'il était sur son innocence, démasquer ses ennemis et sortir triomphant de cette longue et pénible lutte. Les personnes qui aiment à suivre avec attention le spectacle d'un homme qui combat en quelque sorte contre la fatalité des circonstances, et n'ayant d'autre ressource qu'une volonté énergique et l'appui des hommes de bien, liront avec grand intérêt les Mémoires de M. J. P. Thiery. »

ÉCHO DE L'EST (N.° 2341).

« M. Thiery ayant bien voulu nous adresser ses Mémoires, nous les avons parcourus, avec autant d'intérêt que d'attention, et nous devons dire, pour rendre hommage à la vérité, qu'ils sont de nature à produire la plus vive impression sur le public, comme l'étonnement le plus général dans le monde.

Si M. Thiery n'appuyait pas toutes ses assertions de pièces justificatives les plus authentiques, on croirait qu'il a voulu faire un roman bien pathétique, dont l'intitulé serait l'*Innocence persécutée*. Mais non ! la vérité s'enchaîne au récit des malheurs qui ont accablé la vie de cet honnête homme ; et elle ressort d'autant plus triomphante et plus lumineuse, que la perversité de ses accusateurs apparaît plus honteuse et plus noire.

Nous n'anticiperons point sur l'avenir, en aventurant un jugement prématuré, mais nous avons l'entière conviction que les *Mémoires Thiery* feront sensation dans le monde actuel, et étonneront les générations futures. C'est une cause célèbre à ajouter aux fastes du barreau français.

M. Thiery a épuisé jusqu'au fiel le plus amer la coupe de l'adversité heureusement soutenue, avec autant d'héroïsme que de persévérance, par deux anges libérateurs : sa femme et sa fille. Ses compatriotes l'aideront à l'envi, à retrouver, après autant d'infortunes, un jour, un seul jour de bonheur ; il en est digne. »

SENTINELLE DE LA MEUSE (N° 317).

« Nous venons de lire avec le plus vif intérêt les *Mémoires* de M. J.-P. Thiery, ou ses *Neuf Jugemens* ; il n'est pas nécessaire d'être le concitoyen de l'auteur pour être fortement touché de ses malheurs ; on ne peut plus quitter son livre dès qu'on l'a commencé, et partout on compâtit aux peines qu'il a éprouvées ;

poursuivi par une haine aristocratique et puissante, victime d'un chevaleresque dévouement, condamné deux fois à mort, une autre fois aux travaux forcés à perpétuité, puis à quinze mois de détention, on ne sait ce dont on doit le plus s'étonner, ou du courage avec lequel il a combattu les plus atroces calomnies, ou de l'opiniâtreté avec laquelle il a été poursuivi par des ennemis sans pudeur et sans foi. On respire enfin quand on le voit, grâce aux soins désintéressés de M. Coffinières, l'un des plus justement célèbres avocats du barreau de Paris, si riche en talens, sortir triomphant de l'horrible lutte qu'il a eu à soutenir pendant plusieurs années ; on partage sa reconnaissance pour son éloquent et généreux défenseur; on paie avec lui un tribut d'hommages à MM. les Présidents Chopin d'Arnouville et Moreau, ainsi qu'à M. Mars, avocat du roi, dont on lit avec délices le réquisitoire au 17 janvier 1818. M. Thiery se montre dans son livre, bon citoyen, bon époux et bon père. Nous recommandons le récit de ses peines à ses concitoyens; la première édition du livre est épuisée, la seconde est sous presse : en se la procurant on fera une bonne action et l'on puisera d'utiles instructions dans une histoire qui n'est point un conte. »

Nota. L'Indépendant de la Moselle, le *Journal de la Meurthe*, et le *Courrier du Haut et Bas-Rhin* ont aussi rendu de l'ouvrage de M. Thiery un compte très-favorable, que nous nous contentons de constater sans le reproduire ici, de peur de fatiguer l'attention de nos lecteurs.

Paris, ce 12 juin 1835.

La première édition ayant été épuisée par les sous-criptions des notables concitoyens et des amis de l'auteur ; le roi vient d'accorder à J.-P. Thiery une somme de 100 francs pour faciliter l'impression de la seconde.

EXTRAIT DE LA LISTE DES SOUSCRIPTEURS,

Par N° d'ordre,

A CETTE ÉDITION AVANT QU'ELLE NE FUT SOUS PRESSE (1).

MM. De Montalivet pair de France, intendant général de la liste civile, pour toutes les bibliothèques des résidences royales ; Violet-le-Duc, conservateur des résidences royales à Paris, (dénommé dans l'ouvrage) ; D'aubernon, pair de France, préfet de Seine et Oise ; Jouvencel (le chevalier de), député dudit département (dénommé dans l'ouvrage) ; Marcotte, directeur de l'administration des forêts, (dénommé dans l'ouvrage) ; Lorintz, Détain, et Martin, sous-directeurs ; Jacquinot de Pampelune, député, ancien procureur général à Paris, (dénommé dans l'ouvrage) ; Jacquinot, sous-directeur de l'administration de l'enregistrement, (dénommé dans l'ouvrage) ; Coffinières, avocat à la cour royale de Paris, (dénommé dans l'ouvrage) ; Deverré, Dupont et Pellin, adjudans au château des Tuileries.

(1) Un grand nombre de signatures étant illisibles n'ont pu être portées sur cette liste ; mais l'auteur se fera un devoir de prendre des renseignemens et de les porter sur la troisième édition.

Brutztel, commandant militaire à Versailles; de Bouchemen, concierge du château, (fils et frères des dénommés dans l'ouvrage); Barrien, *idem* des Trianons; Pregnon (de St.), garde général des forêts de la couronne ; Neveux, architecte du roi; Bordeau, Chottin, Monthelier, Laneuville, Lebon et Guisse, employés au château ; Bourdon, sous-adjudant à Trianon ; Ancelin, Lefebvre, Duhoux, Philippon, Hannecourt, Saillard et Briant, surveillans des palais et dépendances, (tous dénommés dans l'ouvrage).

Saintyon, adjudant du palais de St. Cloud ; Seguin, sous-adjudant; Bonnechose (de), bibliothécaire du roi.

Le Roi, horloger du roi, à Paris; Mercier, tapissier, id.

Fridel, sous-adjudant à la résidence royale de Neuilly ; Anner notaire.

Guillon, receveur général de Seine-et-Oise ; Daniel, fondé de pouvoir du payeur; Doublas, caissier à la recette générale; Soulery, directeur des domaines à Versailles; Chevalier, conservateur des hypothèques ; Dutarte, conseiller de préfecture ; Gady, juge au tribunal de première instance ; Noble, avocat; L'herbette, directeur des contributions indirectes; Aubry, juge de paix.

Chopin d'Arnouville, préfet du Bas-Rhin; Lalandre, commandant ledit département; Valory, receveur général; Gariot, payeur; Ratisbonne, adjoint à M. le maire de la ville de Strasbourg ; Tamissier, conservateur des forêts ; Monseigneur l'évêque ; Pernet, receveur des contributions; Duc, directeur des douanes; Fix, receveur des domaines ; Dechambure, directeur des postes ; Kratz, Halt et Rencker notaires ; Sengevald, président du tribunal de commerce ; Levol, commissaire du roi; Dupin, inspecteur des domaines ; Annuel, banquier; Rollet, Scwilgné et Wuiz, négocians.

Hila, maire de la ville d'Haguenan ; Beaulieu, lieutenant-colonel du génie ; Nelter et Nebel sous-inspecteurs des forêts; Larminat, Reih et Kuhn, gardes généraux ; Hermel, principal du collège ; Brunet, directeur ; Duval, archiviste de ladite ville d'Haguenau ; Larivière, chef d'escadron ; Chatelleux père, négociant.

Blanchard, sous-préfet, à Schelestadt; Dumontruy, notaire.

Siméon, préfet des Vosges ; Doublat, receveur général et député dudit département.

Le maire de la ville d'Épinal ; Bertin, conservateur des hypothèques ; Laurent, propriétaire.

Loye, sous-préfet à St. Dié ; Cormeau (chevalier de), receveur principal ; Raison, directeur des contributions; Vial, inspecteur des forêts ; Mariage, sous-inspecteur; Dehesel, garde général; Simonin, receveur de l'enregistrement ; Arraquin, juge de paix.

Jessaint (Vicomte de), préfet de la Marne ; Guyot et Richon, chefs de division ; de Chabannes, conservateur des forêts ; Dalton, lieutenant-général ;

Doulcet, receveur général; Reignier, directeur des contributions.

Poisson, sous-préfet à Rheims; Charpentier, secrétaire de la sous-préfecture; Lecoinbre, président du tribunal de commerce; Dautrive, sous-inspecteur des forêts; Gonel, greffier du tribunal de police; Rolame, fondé du payeur; Arnould-Senart, Michel aîné, A. Michel et René Michel, négociants; Durant, commis; Demilly, vétérinaire; Tapin, conservateur des hypothèques; Levasseur, receveur des domaines; Rousseau, receveur municipal; Bureau-Divert et Charlaniel, négocians; Gérupet, fabricant; Luton, imprimeur; Villiéney, brasseur; Hubert, Etienne aîné, Gonel-Aubin, Fricoteau, Franc, Lelarge, Viollet et Saillet, négocians.

Soulange (de), maire de la ville de Vitry-le-François; le général Lefol; le lieutenant-colonel Failly; Yver de Labruchollerie, directeur des contributions indirectes; Maugin, ex-substitut de M. le procureur du roi; Rey, contrôleur des contributions directes; Montigneul fils, greffier; Prieur, capitaine; Stelhlet, notaire; Cochois, receveur des domaines; Homassel, *idem* des contributions; Vernet, maître des postes; Jacquin, agent comptable; Cotin-Guillochin, négociant; Chavange-Malotet, *idem* ; Gagnon, médecin; Clément, orfèvre; Bouffard, pensionnaire de l'état.

Duchênes, maire de la commune de Couvrot, (dénommé dans l'ouvrage); Posson-Dominé, propriétaire, (dénommé dans l'ouvrage); Baguet, cultivateur.

Melinette, avocat, à Sainte-Ménehould; Mouton, commis greffier; Dequaire, négociant; Buirette, propriétaire. — Géant, ancien maire de Passavant.

N. A. Comte, propriétaire à Eclaires.

Varin, notaire à Givry; Picart, marchand de bois.

Martin, maire de la ville de Saint-Dizier (Haute-Marne); Heraux et Didiot, adjoints; Petitot commandant de la Garde Nationale; Geoffroy, juge de paix; Perrier, inspecteur des forêts; Blanchard, secrétaire de la mairie; Alizé, chef d'escadron en retraite; Graffet, notaire; Maréchal, avocat; Boulland (Victor), garde port; Boulland-Lejeune, Constant, Paquot, Robert, Godard-Payart, Doyen, Paimal, fils, marchands de bois; Berry, maître marinier; Jobard, commissionnaire en bois; Clarin, (Eugène), marchand de vin; Briquet, négociant; Camus, confiseur; Leblanc et Duchênes, propriétaires, près la ville de Saint Dizier; Navet, toillier, Magnin et Deguinenne, *idem*; Coquart, maître de Poste; Godart, aubergiste; Person-Boulland, Mahuet ainé, et Guyard fils, propriétaires; Delaurier, pharmacien; Dehault, commissionnaire en fer; Godart-Viciot, maître marinier; Varnier-le-Grand, marchand de fer; Rougeot, militaire en retraite; Robert, ex-maître de poste.

Perrin, maire de la ville de Wassy, (Haute-Marne); Rolland, receveur particulier; Humbert, greffier du tribunal.

Pannehout, maire d'Humbecourt.

Leblanc, maire d'Eclaron; Durm, marchand de bois; Garnier, notaire; Nivard, garde général des forêts; Huet, Chavange-Marguet et Varnier, pro.

Haste, maire de la ville de Joinville; Richon, sous-inspecteur des forêts; Musset (de), receveur des domaines privés; Chevillier, receveur des contributions; Dubois, vérificateur; Frenson, maître de poste; Morembert (de), garde général; Gillet, géomètre; Sully (de), intendant militaire; Hencenot, Renard, Fregoneau et Beaunier, notaires; Perrot, huissier; Godefert, Harmanet, Mandonet, Jacquot, Latanche, Jenny et Saulot, maîtres de forges; Tanret-Kége, chef de bataillon; Kége, négociant.

Collier, maire de Poisson; Ponthion et Friche, propriétaires; Hannin, marchand; Tabourin, receveur.

Le préfet de la Moselle; Cunin, maire, par intérim, de la ville de Metz; Sido, adjoint; Calot, commandant de la place; Duy, payeur général; Roger, capitaine d'artillerie; Chevillier, receveur des domaines; Bonfils, ancien sous-préfet et Lejeune bibliothécaire.

Laval (de), maire de la ville de Thionville; Gallois, sous-préfet; Virion, inspecteur des forêts; Dupeyroux, conservateur des hypothèques; Combier, receveur de l'enregistrement; Barrante, notaire; Mortez, agent comptable; Peaut, adjoint à M. le maire; Neveux, notaire; Gacher, commissaire de police.

Meunier, notaire et premier adjoint de la ville de Pont-à-Mousson; Masson, sous-inspecteur des forêts;

Rey, garde général ; Noisette, Bourdon, Marmout, Bonnette, Lacaille et Brocart, négocians.

Hannequin, sous-préfet à Rethel (Ardennes) ; Pierrot, conservateur des hypothèques ; Dusay, directeur des contributions ; Borel, receveur principal ; Martinet, avoué ; le général Lacour, commandant le département des Ardennes ; Antoine, chef de division à la préfecture ; Bonnerie, secrétaire de la sous-préfecture ; Viledary, capitaine de recrutement.

Le capitaine de gendarmerie à Mézières ; Pannier, lieutenant *idem* ; Molard, sous-inspecteur des forêts ; Gendarme, maître de forge ; Henon, marchand brasseur.

Delobel, sous-préfet à Sedan ; Flaquet-Chayaux, maire ; Fouet, sous-intendant militaire ; Reiter, receveur principal ; Laurent, directeur des postes ; Rouvray, commandant l'artillerie de la place ; Brincourt, teinturier ; Delcour, Verseron, Ser, Joseph-Jean, Bridier, Ninnin, Legardeur, Noël, Luton, Neugon et Garot, négociants.

Fabvier, procureur-général près la cour royale de Nancy ; Lefèbvre, receveur général de la Meurthe ; Genin, payeur général de la Meurthe ; Villard, directeur des domaines ; Salomon (de), directeur de l'école forestière ; Krouber (l'abbé), directeur de l'école normale ; Collemont, directeur des postes ; Thiery, receveur des domaines, à Nancy, *depuis* 1775 ; Schott, receveur de l'enregistrement ; Nullot, notaire.

Thiery, maire de la ville de Toul; Delefortry, commandant de la place; le général Pinteville, (baron de); d'Hioleux, commandant du génie; le colonel du cinquième de cuirassier; Liouville inspecteur des forêts; Maisonneuve, sous-inspecteur; Vincent, receveur des domaines; Martinet, greffier du tribunal; Hussenet, notaire; Antoine, juge de paix; Thiery, banquier; Rolland, avocat.

Parmantier, maire de la ville de Phalsbourg; Ravi, colonel du huitième régiment d'infanterie; et Eliot, major.

Introduction.

C'est en suivant pas à pas un homme dans sa marche et dans sa conduite, que l'on peut juger ses actions et ses intentions !

Plaidoirie du Ministére public, aud. du 17 janvier 1818.

Bien des gens ont essuyé des revers de fortune, éprouvé des malheurs ; mais il en est peu dont l'innocence ait été persécutée avec autant d'acharnement que la mienne.... Ma fidélité a été une source intarissable de vexations.

En 1815, les courtisans du comte d'Artois, c'est-à-dire les plus grands ennemis de la France, et même de Louis XVIII, formèrent le projet de me perdre pour s'approprier une caisse militaire. Les misérables avaient résolu d'étouffer par ma mort la voix du seul témoin de leur crime, ou d'en faire retomber l'odieux sur ma tête, et, pour arriver à leurs coupables fins, ils me peignirent aux yeux des Princes, comme un agent secret de Napoléon, *un roturier* sans dévoûment, ni reconnaissance.

C'est là que commence cette longue suite de malheurs, dont ma vie fut abreuvée; *neuf jugements*, dont deux à mort, un aux travaux forcés à perpétuité, et un autre à 15 mois d'emprisonnement, furent le résultat des intrigues de mes puissans et cruels ennemis.

L'opinion publique, quelquefois plus sévère que les tribunaux, ne voit pas toujours un innocent dans celui que le glaive de la loi n'a pu atteindre, et le premier bienfait que j'attendais de la justice était la constatation légale de la fausseté des accusations portées contre moi.

L'insuffisance de preuves fit absoudre plus d'un accusé; mais pour un homme d'honneur, c'était trop peu qu'une telle absolution; car malgré les nombreux arrêts qui avaient proclamé mon innocence, j'ai engagé, moi-même, une lutte nouvelle avec mes principaux accusateurs; je les ai attaqué en réparation devant les tribunaux civils de la capitale; et j'ai obtenu de la 4ᵉ Chambre de première instance présidée par l'honorable M. Bavoux, ancien député, six mille francs de dommages et intérêts, contre le sieur de Fouchier, quartier-maître du régiment de Laroche--Jacquelin, le balafré; c'est alors que malgré les intrigues de mes ennemis et d'après les démarches personnelles des principaux membres de la magistrature et du jury, j'obtins des ministres un secours mensuel de 80 fr. sur la cassette du roi, qui me fut conservé jusqu'en 1820, lorsque je me décidai à rentrer dans l'Administration des forêts.

Dans les trois départemens que j'ai habités depuis cette époque, ma conduite comme agent forestier, m'obtint, non seulement l'estime de mes chefs, la considération et la bienveillance des administrations locales, mais encore l'amitié de tous les gens de bien qui avaient des rapports avec moi. Hélas! qu'avais-je de plus à désirer, que de m'occuper à faire terminer, sous mes yeux, les travaux d'améliorations que j'avais désignés dans les forêts de l'Etat et des communes de mon cantonnement? Mais la fatalité voulut qu'au bout de plus *de seize années*, les de Laroche--Jacquelin et Fouchier, fussent encore les auteurs de la perte de mon emploi de Garde-Général des eaux et forêts!...

En remerciant mes concitoyens de l'intérêt qu'ils daignèrent prendre à ma nouvelle dis--

grâce, j'eus l'honneur de les assurer que sous peu je dévoilerais les malheurs qui ont pesé sur ma tête : aussi, depuis deux ans, je me suis occupé à réunir tous les documens qui m'étaient indispensables, pour prouver la véracité de faits et anecdotes peu connus jusqu'alors.

C'était encore pour moi facile de les écrire et de les rédiger ; mais le plus difficile était de réaliser les fonds nécessaires pour couvrir les frais d'impression : j'avais prouvé ma bonne volonté en les classant avec la plus minutieuse exactitude, mais ma fortune ne me permettait pas de les mettre au jour.

Vous, mes chers concitoyens, qui me donnâtes l'avis d'ouvrir une souscription, et qui avez bien voulu concourir, par ce moyen, à la publication de mes Mémoires, agréez ici le témoignage de ma vive reconnaissance ; c'est, appuyé de vos honorables signatures, qu'il m'a été possible d'en doter ma patrie ; de faire connaître la conduite atroce de mes ennemis ; de dévoiler à la France entière, les malheurs d'un bon citoyen, qui ne s'est jamais écarté du sentier de l'honneur ; mais qui a été cruellement persécuté par des gens, qui aujourd'hui voudraient encore l'anarchie, le désordre et la guerre civile.

CHAPITRE PREMIER.

Ne soyez à la cour, si vous voulez y plaire,
Ni fade adulateur, ni parleur trop sincère.

Je dois le jour à un honnête négociant de la ville de Verdun, (*Meuse*). A peine âgé de 10 ans, j'eus le bonheur de sauver un dragon qui allait se noyer dans la Meuse, à la fosse du Pré l'évêque. M. Treichard, son capitaine, me donna en récompense de mon courage une pièce de 24 sous, que je croyais toute une fortune. A 15 ans je fus obligé de prendre du service dans le régiment de chasseurs de Rheims; mais blessé en 1798, j'obtins ma retraite. C'est pendant ce court intervalle que me trouvant en garnison à Toul, je parvins à retirer des flammes une femme qui faillit être leur proie.

Le feu avait pris la nuit chez un nommé Clément, boulanger, celui-ci se sauva en chemise en criant à sa femme de profiter d'une échelle qui lui offrait un moyen de salut; mais celle-ci qui était également en chemise, émue par ce sentiment qui domine chez toutes les femmes, ne voulait point paraître dans cet état. Malgré les progrès du feu, n'écoutant que le désir de sauver un de mes semblables, et surtout une femme, je m'élance au travers des flammes et j'eus le bonheur de la tirer saine et sauve, après l'avoir couverte de ma capote; quant à moi je ne parvins à me sauver qu'au moyen d'une corde qui servait à monter les sacs de farine au grenier.

Je me mariai, peu de temps après, avec une femme dont la tendre affection ne se démentit pas un seul instant, dans ma bonne comme dans ma mauvaise fortune. Je travaillai pendant quelques années à établir une fabrique de maroquin, près de mon beau-père, receveur de l'enregistrement à Damvillers, qui, préférant me voir entrer dans une administration, parvint à me faire obtenir une place de Garde à cheval dans celle des forêts, où ma conduite me fit avoir un avancement assez rapide.

En 1814, j'étais Garde-Général, faisant l'intérim de la sous-inspection du département des Landes.

Pendant les trois années que j'habitai ce département, je sus obtenir l'estime des mes chefs, la bienveillance des administrations locales, et l'amitié de tous ceux qui se trouvèrent en rapport avec moi (1).

Le 1er février 1814, ayant été chargé de faire couper et transporter sur la rivière de l'Adour, le bois destiné à l'approvisionnement de la ville de Bayonne et du fort Navarin, je me hâtai de remplir cette importante mission.

Le 14 de ce mois d'après un arrêté du gouvernement, tous les gardes forestiers et champêtres furent requis pour former une compagnie de flanqueurs.

(1) Voyez les preuves Nos 1. et 2.

M. le préfet m'en donna le commandement, je répondis à son attente ; je fis mon devoir; je harcelai l'ennemi huit jours encore après la belle retraite du brave Maréchal Soult; et ce ne fut que le six mars, époque où j'appris, d'une manière positive, que la cause de l'Empereur était perdue, que je renvoyai les hommes, sous mes ordres, garder leurs trillages; ensuite, je me rendis à Mugron où s'étaient retirés mon épouse et mes enfans, près de l'Evêque de Bayonne, notre compatriote et ami.

Le lendemain, informé que Monseigneur le duc d'Angoulême était à S^t.-Sèver, et qu'il recevait les fonctionnaires publics qui sollicitaient l'honneur de lui être présentés, je me rendis dans cette ville, pour obtenir cette faveur. Ce prince aimait alors à couvrir d'un voile épais, les bienfaits qu'il répandait autour de lui, et l'on m'accuserait de céder à un sentiment d'orgueil, si je trahissais le secret de la bienfaisance : aussi je m'abstiendrai de parler de l'accueil que le prince daigna me faire; je dirai seulement que j'eus l'honneur de recevoir des mains de ce prince, une commission provisoire qui me continuait dans mes fonctions.

Dès le lendemain, je réunis une partie des gardes de mon arrondissement, pour leur faire part du changement qui allait s'opérer dans les destinées de notre patrie; et depuis cette époque, jusqu'à la révolution de juillet 1830, je n'ai pas cessé de donner des preuves non équivoques de fidélité et de dévouement, aux princes de la famille régnante alors, *tout en déplorant leur aveuglement.....*

Le 16 du mois de mars, je fus chargé de porter une lettre de l'archevêque de Bordeaux à l'évêque de Bayonne, concernant les prières nominales,
etc; le grand œuvre de la providence était terminé:
S M. Louis *XVIII* était remonté sur le trône de
ses pères. Désirant obtenir, sinon de l'avancement,
du moins un changement de résidence à cause de
l'éloignement où je me trouvais de ma famille et
de la mauvaise santé de mon épouse, à laquelle
le climat des Landes ne pouvait convenir, (1)
je me déterminai à prendre la route de Paris.

Je ne passai que peu de jours dans cette capitale,
j'y laissai ma femme et ma fille pour me rendre à
Damvillers, où je vendis un petit corps de ferme,
afin de procurer des moyens d'existence à ma famille,
jusqu'à ce que j'eusse obtenu un nouvel emploi.
A mon retour, j'eus l'honneur de voir M. le comte
Etienne de Damas, qui daigna se rappeler ma conduite lors de son passage dans les Landes avec
A. R. le duc d'Angoulême. Il m'engagea lui-même à
solliciter une place avantageuse, et voulut bien join-
dre l'apostille suivante au mémoire que je rédigeai,
d'après son conseil, pour faire connaître ma conduite depuis la restauration.

« Le comte Etienne de Damas, certifie que le contenu,
« tant dans le précis de la conduite du Sr Thiéry, que
« dans sa supplique, est sincère et véritable ; et que S.
« A. R. monseigneur le Duc d'Angoulême verra avec plaisir
« qu'il obtienne ce qu'il sollicite. »

Monsieur le Duc d'Aumont premier gentilhomme
de la chambre, m'ayant présenté au Roi ; je mis sous

(1) Voyez la preuve N° 2.

les yeux de S. M. mon placet. Dès l'instant, elle daigna m'accorder une gratification sur sa cassette, en donnant des ordres pour que je fusse incessamment placé, d'une manière avantageuse. En effet, peu de jours après, M. le prince de Poix me nomma provisoirement, inspecteur de son gouvernement et ensuite adjudant, commandant les surveillans et gardiens du château de Versailles et des deux Trianons.

La responsabilité attachée à une place de cette nature exigeait la surveillance la plus active. Le mobilier des trois palais était spécialement confié à ma garde; et quoique j'eusse une foule d'employés sous mes ordres; quoique des travaux d'embellissement ou d'entretien, exigeassent presque toujours la présence de près de deux mille ouvriers; j'ai eu le bonheur de préserver, non seulement *deux fois,* le château de Versailles d'être réduit en cendres, mais encore de conserver intact tout ce qui m'avait été confié (1).

Il y avait déjà quelque temps que j'habitais le logement affecté à ma place, quand j'appris que le Duc d'Angoulême arrivait de Bordeaux, et passait à Versailles. Toutes les autorités devaient se rendre en corps près St-Cyr, limite du territoire de la ville de Versailles, pour complimenter S. A. R. Désirant également aller audevant d'elle, j'écrivis à M. le général Délimbourg, commandant la ville, de vouloir bien me faire prévenir par son aide-de-camp, de l'heure où il partirait, ayant le désir de faire partie de son état-major, à l'arrivée du prince. MM. les Préfet, maire,

(1) Le 18 août 1814, en faisant mes tournées de nuit, j'ai trouvé le feu pris aux copeaux faits par les menuisiers, et le 28 une chandelle allumée dans un placard fermé.

président et généraux complimentèrent S. A. R. Je tâchai d'approcher mon cheval, le plus près possible de sa voiture, pour avoir l'honneur de lui faire un salut, et savoir si le prince daignerait me reconnaître. Dans ce moment il faisait une chaleur excessive et une poussière insupportable, qui fatiguaient tellement ses yeux, (et son altesse royale les a très-faibles), qu'il était obligé de les tenir pour ainsi dire fermés ; mais le Duc de Damas qui se trouvait en face, m'ayant aperçu, frappa doucement sur le genou de S. A. R. en lui disant : «voilà Thiéry ! »

D'un mouvement spontané, le prince se leva, mit la tête à la portière de sa voiture, m'appela par mon nom à plusieurs reprises, et me dit : «j'ai appris à Toulouse votre nomination, j'en suis satisfait, parce que vous êtes avec nous, que vous nous restez! .... »

Aussitôt, tous les regards se portèrent sur moi : l'un s'informait qui j'étais, (je n'avais pu encore rendre les visites d'usage), l'autre où je demeurais ; enfin dans la matinée du lendemain, la cour de l'hôtel où je logeais, fut remplie de voitures et mon salon de visiteurs. Je dis alors à mon épouse: voilà bien les hommes !....

Dans le courant de l'été, les principales réparations du château étant finies ; le roi vint visiter le berceau de son enfance. Le Duc de Blacas et le prince de Poix accompagnèrent S. M., le premier comme ministre de sa maison, et le second en qualité de capitaine de ses gardes et de gouverneur du château de Versailles. Comme adjudant, je dus me tenir près d'eux, pour recevoir et transmettre à qui de droit, les ordres qui pourraient m'être donnés.

Sa Majesté ayant visité tous les appartemens du château de Versailles, remonta en voiture pour se rendre aux Trianons; Sa Majesté parut très-satisfaite de voir comme tout y était tenu : elle daigna même m'en témoigner sa satisfaction, ainsi qu'au concierge principal.

Louis XVIII n'avait point encore visité la chapelle du château. S. M. donna l'ordre de l'y conduire; après l'avoir vue, elle traversa la grande galerie, la salle des gardes, et descendit l'escalier de marbre pour remonter en voiture dans la cour royale et s'en retourner à Paris. Personne n'ignore combien Louis XVIII était peu ingambe. S. M. étant venue de la chapelle à pied, était très fatiguée.

Un des valets ayant ouvert la portière de la voiture du roi et descendu le marche-pied, MM. les duc de Blacas et le prince de Poix, prirent le roi par les bras et le soutinrent pour l'aider à monter; mais, soit imprévoyance ou peur de faire mal à S. M., ces gentils-hommes la soutinrent si faiblement, que je m'aperçus qu'elle allait retomber en arrière : sans réfléchir à autre chose qu'au danger que courait le roi, je portai ma main gauche sur le col de l'habit de S. M. et l'autre étendue dessous son postérieur; je la soutins si bien, malgré son poids, que j'eus le bonheur d'éviter une chute que le roi aurait infailliblement faite. Sa majesté étant assise, daigna me remercier par une inclination de tête accompagnée d'un sourire gracieux; mais dès que le roi fut parti, cette sotte engeance entichée de ses antiques privilèges et parchemins; les *nobliots* d'anti-chambre se formèrent en groupes, en disant: que le roturier Thiéry

venait de commettre un sacrilège, un scandale épouvautable, ayant eu l'audace de porter les mains sur
la personne sacrée du roi; que cela n'était réservé
qu'aux grands officiers de la couronne; enfin qu'il
en fallait écrire au prince de Poix, qui avait pu n'y
pas faire attention, etc. etc. (1).

Deux jours après je reçus une lettre de ce prince,
contenant les plus vifs reproches, sur le peu de convenance de mes procédés, lorsque S. M. monta en
voiture ; il terminait par me dire, que ne connaissant
pas l'étiquette de la cour, il ne pourrait me conserver
long-temps pour son adjudant, après un tel scandale.

Le ledemain, les princes étant venus chasser à Versailles, je reçus leurs altesses royales et les accompagnai jusqu'au canal. Je fis part au duc de Berry de
ma conduite et de la lettre de mon gouverneur: (*ce
malheureux prince était brusque, mais d'une bonté infinie)*, il sécria : « Ah parbleu ! voilà qui est plaisant !
on aimerait donc mieux que mon seigneur et oncle
se fût rompu les reins ! C'est bon, Thiéry, c'est bon !
soyez tranquille !... »

Les individus qui m'avaient dénoncé, étaient en
partie présens ; quelle ne fut pas leur confusion en
entendant les paroles du prince, mais ils n'en travaillèrent pas moins dans l'ombre pour me faire révoquer.

Dans le courant du mois d'octobre 1814, les 1.ers
acteurs du théâtre français vinrent donner, sur celui
de Versailles, une représentation au bénéfice de Fleu

(1) Je ne crois pas devoir me dispenser de déclarer ici que si j'ai remarqué bien des vices et des ridicules incroyables, dans la petite noblesse, j'ai vu également de la part de plusieurs grands seigneurs, des
exemples sublimes de patriotisme, de probité, de désintéressement et
d'humanité, et que je rends justice à qui elle appartient.

ry, leur confrère, qui prenait sa retraite. Comme il n'y avait que les premiers acteurs qui jouaient, la plupart des amateurs de la capitale, assistèrent à cette représentation, et la salle était comble. J'étais dans ma loge, assis sur la deuxième banquette, avec ma Célina ; j'avais cédé la première aux dames amies de mon épouse. Pendant un entr'acte, il me tomba, sur la tête, une lettre attachée à une coquille de noix ; cette lettre était sans signature, et d'une écriture contrefaite ; elle me témoignait : 1° combien son auteur était peiné de m'apprendre que je ne pouvais rester au poste que j'occupais ; 2° que n'étant pas noble, je ne pouvais habiter le palais du roi ; 3° que je devais savoir, mieux que personne, que dans les Landes, je n'étais que Garde-Général des forêts ; 4° enfin que j'y pouvais avoir rendu quelques petits services ; que l'on était porté d'inclination à m'être utile, si je donnais ma démission, en demandant à rentrer dans l'administration forestière ; que *dans ce dernier cas*, l'on se portait fort, à me faire obtenir une inspection dans mon pays, et que j'eusse à réfléchir mûrement sur les bons conseils et avis dictés dans mes intérêts. Cette lettre était datée des Tuileries.

Je ne fus pas le seul tracassé ; tous les braves surveillans et gardiens des trois palais étaient chaque jour dénoncés, tantôt par un vendéen, tantôt par un vétéran de l'armée de Condé ; et une autre fois, par le fils du valet de chambre d'une vieille douairière.

Ces dénonciations m'étaient renvoyées pour prendre des renseignemens sur leur contenu, et y donner mon avis. Je dois, aujourd'hui plus que jamais, rendre justice à la vérité, et je croirais manquer à ma conscience, si je ne déclarais, de nouveau, que le tout n'était que de pure invention, excepté le reproche que l'on faisait à mes subordonnés d'avoir servi Napoléon et d'avoir été placés par lui, pour récompense de services rendus à la patrie. Ma réponse était, à peu de chose près, toujours la même.

J'ai pris, disais-je, des renseignemens sur le sieur N*** et il n'est pas présumable que les faits consignés dans la présente soient exacts, d'après là conduite du sieur N*** qui porte sur sa poitrine l'étoile de l'honneur ! Comme moi il a versé son sang en défendant son pays ; il a servi, il est vrai, Napoléon ; il lui était attaché, quand il régnait, mais aujourd'hui il a prêté serment de fidélité à S. M. Louis XVIII ; qu'on soit sans inquiétude, je veille sur la conduite, non pas seulement de l'employé dont il s'agit ; mais de tous ceux qui sont sous mes ordes et je réponds d'eux. !.... (1).

Le lecteur remarquera que la conduite franche et loyale que j'ai tenue à cette époque, ne pouvait que multiplier le nombre de mes délateurs, et que ce n'était pas assez pour moi de remplir les devoirs attachés à ma place ; mais que d'autres obligations, non moins sacrées, m'étaient imposées, comme fidèle serviteur du roi. Quelques regrets, quelques souvenirs du moins, survivent d'ordinaire aux révolutions ; j'eus le bonheur de les éteindre, ou de les comprimer parmi mes employés. Tous partageaient mon dévouement pour le roi-législateur. Ce prince avait l'intention de rendre

____

(1) Ils étaient tous sous-officiers de l'ex-vieille garde, hommes d'honneur, en grande partie décorés et blessés.

la France heureuse, mais il mourut sans avoir pu remplir la tâche que son noble cœur s'était proposée. Le comte d'Artois son frère lui succéda, non pour achever son œuvre, mais pour asservir le peuple Français.

Je laisse à l'histoire le soin d'énumérer les fautes politiques qu'il commit, et de révéler son faible pour les flatteurs, ces lâches et indignes courtisans dont il s'était de tout tems entouré. Il était réservé à sa Majesté Louis-Philippe, digne héritier du courage et de la popularité d'Henri IV, de cicatriser les plaies de nos longues révolutions.

Puisse un avenir heureux permettre à S. M. de jouir long-tems en paix, *au sein de son intéressante famille*, des fruits de ses travaux ! Mais abandonnons un sujet intarissable de sublimes réflexions pour reprendre la suite de mes malheurs.

Sur la fin de l'année 1814, Mme la duchesse d'Angoulême vint visiter les Trianons ; quelque temps avant son arrivée S.A.R. me fit prévenir par son écuyer cavalcadour, M. de Latour, qu'elle désirait ne voir personne. Aussitôt je donnai l'ordre de fermer toutes les grilles, et je m'empressai de me rendre près de celle où la princesse devait descendre ; j'y reçus non seulement les ordres de S. A. R. mais encore des paroles de bienveillance et flatteuses, pour mon exactitude et ma vigilance.

Peu de jours après, il devait être passé, par le Prince de Poix, une revue générale de tous les employés du gouvernement de Versailles, dans la grande galerie du château, et l'on disait hautement, que ce jour-là, je serais remplacé; je profitai alors de cette circonstance pour mettre sous les yeux de la princesse, la lettre anonyme que l'on avait jetté dans ma loge. S. A. R. l'ayant parcourue des yeux, la mit dans le sac qu'elle portait, en me disant d'un air gracieux : « C'est bon, Thiery, il suffit !...

Après avoir visité le petit Trianon et les chaumières, S. A. R. remonta à cheval avec son escorte, et retourna à Saint Cloud.

Le jour de la revue approchait, et n'ayant plus entendu parler de rien, j'étais dans une inquiétude mortelle. Les valets, peu respectueux, et les réponses sèches et hardies des employés de l'ancienne Cour, rentrés depuis peu, m'avertissaient de ce qui pouvait bien m'être réservé ; j'attendais avec impatience l'heure qui devait décider de nouveau de mon sort.

Ce jour enfin arrivé, j'entendis, de très-grand matin, frapper à la porte de l'hôtel du gouvernement où je logeais. Je sautai en toute hâte en bas de mon lit, je passai ma robe-de-chambre pour descendre et aller m'informer qui était entré ; mais à peine parvenu dans le vestibule donnant sur l'escalier, j'y rencontrai le concierge tenant une bougie à la main, conduisant MM. Delatour et le Vicomte d'Agout, premier gentilhomme d'honneur de Mme la duchesse d'Angoulême. Ce dernier me dit en souriant : « Pardon, mon cher M. Thiery, de vous avoir réveillé

» si matin ; ainsi que Mme votre épouse, il faut que nous
» voyons le prince de Poix : on dit qu'il passe au-
» jourd'hui la revue des employés de son gouver-
» nement ; à quelle heure se passe-t-elle ? »

Lui ayant répondu que le moment fixé était neuf
heures, que le prince n'était pas matinal, et que
probablement il en serait bien dix, que j'en étais
certain, parce que j'étais chargé de faire l'appel avant
son arrivée ; ces deux gentilshommes après s'être ré-
chauffés, prirent une tasse de chocolat, et me de-
mandèrent où reposait le prince-gouverneur? Comme
il était couché dans le logement qui lui avait été pré-
paré au château, je me fis un plaisir de les accompagner jusqu'à sa porte.

Quelques heures après, lors de la revue, je fus
tiré de ma surprise et de mon anxiété par la réception que me fit le prince de Poix, mon gouverneur ; car dès qu'il fut arrivé, il me dit à voix haute,
en me frappant sur l'épaule : « Thiery, l'on a voulu
» vous desservir près de moi, mais vous êtes un
» honnête homme et je vous confirme dans les fonc-
» tions d'adjudant, etc. etc. etc. des palais de mon
» gouvernement. Dans quelques jours venez me trou-
» ver à Paris, je vous en délivrerai le brevet. »

Je laisse au lecteur à juger de mon étonnement
et de celui de mes délateurs ! Qui le croira? ces calomniateurs qui n'étaient que des lâches, eurent la
bassesse de venir les premiers me féliciter.

Le 16 février 1816, je reçus ma commission ainsi
motivée :

« D'après les rapports qui m'ont été faits par dif-
» férentes personnes sur la conduite du sieur J. P.
» Thiery ; particulièrement sur la demande d'une
» personne Auguste , et d'après les pouvoirs que
» j'ai, comme gouverneur du château de Versailles
» et des deux Trianons, de nommer à la place d'ad-
» judant, commandant les surveillans et gardiens des
» Palais-Royaux, parcs, jardins et dépendances; nom-
» mons ledit sieur Thiery à cette place, pour en
» toucher, à compter de ce jour, les appointemens
» et jouir de toutes les attributions qui y sont attachées.

Signé, NOAILLES, prince de Poix.

Par monseigneur le prince de Poix,
le secrétaire du gouvernement,
Signé de RAMBAUX.

Je n'eus pas de peine à reconnaître quelle fut alors
l'auguste personne qui daigna me faire obtenir ce brevet, mais hélas! ma satisfaction fut de courte durée!..

CHAPITRE II.

Trois semaines après, (le 7 mars), j'appris par les
journaux la nouvelle du débarquement de Napoléon
en France. Je réunis aussitôt mes braves surveillans,
pour m'assurer de nouveau de leur dévouement à
Louis XVIII. On a toujours asséz d'éloquence pour
peindre les sentimens dont on est vivement pénétré. (1)

Les jours qui suivirent, furent pour notre patrie
des jours d'agitation et d'effroi ; pour moi je restai
fidèlement au poste qui m'était confié, jusqu'à ce que
je fusse informé de l'entrée de Napoléon à Paris. Là
veille de ce jour j'eus l'occasion de manifester publiquement mon dévouement au Roi. (2)

Je ne chercherai pas aujourd'hui, *comme le font
bien d'autres*, à cacher les sentimens qui déchiraient
mon cœur dans ce moment de crises : je déplorai la
perte d'un père, dans le roi dont nous allions être

(1) Voyez la preuve N.° 3.
(2) Voyez la preuve dans les conclusions du ministère public

séparés ; et ma reconnaissance pour les bienfaits dont j'avais été comblé, donnant une exaltation nouvelle à de si justes regrets, il me sembla que ma patrie, ma famille, tous les objets de mes affections, se trouvaient concentrés auprès du monarque auguste qui ne s'éloignait de nous, que pour nous préserver des malheurs de la guerre civile.

Le premier des devoirs, celui de la reconnaissance, me fit prendre le parti de suivre la famille royale, et cette résolution aussitôt conçue, fut arrêtée dans ma pensée. Après avoir recommandé ma femme et ma fille à M. le chevalier de Jouvencelle, *député*, maire alors de la ville de Versailles, je demandai un passe-port à ce digne fonctionnaire et oubliant, pour le moment, que j'étais époux et père, je fis à l'instant mes dispositions de départ. (1)

Mon passe-port en règle, je remis au brigadier-lieutenant tous les passe-partout ; je réunis de nouveau les employés sous mes ordres ; je les engageai à ne s'occuper que de leurs devoirs, c'est-à-dire, à garder fidèlement le dépôt précieux qui leur était confié ; (2) pour moi, ajoutai-je, la reconnaissance me fait un devoir de rejoindre S. M. Louis XVIII.

Après avoir embrassé les chefs de service, serré les mains aux autres, je quittai ces braves, muni d'un peu d'argent et d'un petit paquet de linge ; je partis, à pied, de Versailles, le 20 mars, vers huit heures du

(1) Voyez la preuve dans les conclusions du ministère public.
(2) Voyez la preuve N° 3.

soir, accompagné des deux frères de Bouchement et du jeune de la Chapelle, animés comme moi du désir de rejoindre le roi. (1) J'étais revêtu d'une capote bourgeoise qui couvrait l'uniforme attribué à mes fonctions, et n'avais d'autre arme que mon épée.

Ici, je dois rendre compte d'un évènement bien simple en lui-même, qui prouve encore mon dévouement au roi et à ma patrie; mais que la perfidie de mes ennemis a depuis dénaturé, et empoisonné pour en faire un chef d'accusation contre moi.

Dans la grande rue de Poissy j'aperçus un militaire à cheval, suivi de deux paysans qui conduisaient deux autres chevaux appartenants à la maison du roi : je jugeai que ce pouvait être un déserteur, et je lui demandai où il allait? sur sa réponse qu'il était chevau-léger, qu'il allait retrouver son père dans la Vendée, pour y faire un parti au roi, je lui répondis aussitôt: comment pouvez-vous abandonner sa personne et vos drapeaux, pour aller porter la guerre civile dans une partie de son royaume, tandis que S. M. ne s'éloigne momentanément de sa capitale, que pour la préserver de ce fléau!

Indigné d'une telle conduite, je fis remarquer à cet homme, les trois jeunes gens qui m'accompagnaient; et m'étant fait connaître à lui, je lui dis, que, puisqu'il violait ses sermens en abandonnant ses drapeaux et son roi, il ne pouvait disposer des objets appartenants à son régiment. Sur mon

(1) Voyez la preuve N° 4.

invitation, il mit pied à terre, ainsi qu'un des paysans, l'autre s'enfuit avec le cheval qu'il montait.
M'ayant indiqué le corps auquel il appartenait, il
m'abandonna son cheval et ses armes, que je me
chargeai de remettre à son corps ; je l'engageai fortement à retourner avec nous, en l'assurant que je
partagerais avec lui le peu d'argent que je possédais.
(1) Ne pouvant le déterminer à nous suivre, je
montai son cheval, et mes compagnons de voyage
montèrent alternativement l'autre.

Le surlendemain, 22 mars, à six heures du matin,
je rendis compte de cet évènement au duc de Berry,
et à un brigadier des chevau-légers, que je con-
sultai sur la manière dont je devais effectuer la remise du cheval et de l'armement militaire que je me
félicitais d'avoir conservé à Sa Majesté. Les officiers
même de ce corps avec lesquels je marchais à la
suite des princes, pendant les journées des 22, 23
et 24 mars, furent instruits de mon aventure de
Poissy, et louèrent beaucoup ma conduite.

J'arrivai le 23, au soir, dans un petit village près
de Saint-Paul, à quatre lieues de Béthune ; je reçus
un billet de logement, des mains du sieur Barou,
fourrier de la compagnie des grenadiers à cheval
de la maison du roi. En soignant mon cheval, je
m'aperçus qu'il ne pourrait suivre la marche des
grenadiers royaux, à cause d'une enflure considérable

(1) Voyez les dépositions de ce militaire et du sieur de la Chapelle
devant la cour d'assises de la Seine.

qui lui était survenue au jarret; en conséquence je me détermine à partir avant la colonne, ayant la précaution de conduire mon cheval par la bride : c'est ainsi que je fis la route avec un maréchal-des-logis des gardes du corps du roi, parti à l'avance.

J'arrivai l'un des premiers à Béthune, vers neuf heures du matin; je fus loger à l'hôtel du Palais-royal tenu par le sieur Dususiau : ce fut à la fille de l'auberge que je remis mon paquet de linge et mes effets.

Vers les onze heures, étant occupé avec un maréchal-expert à soigner mon cheval, j'entendis crier aux armes ! je sortis aussitôt et je me rendis sur les glacis, armé seulement du sabre appartenant au chevau-léger. Je vis en effet un détachement de lanciers cherchant à exciter la révolte. Je m'approchai de leur chef en lui reprochant de ne pas réprimer un tel désordre. Le comte de Nantouillet qui arriva dans ce moment, m'invita à n'opposer que la modération à l'effervescence de ces hommes égarés. Bientôt je fus témoin de l'effet magique que peut produire un seul mot émané d'une bouche auguste: S. A. R. M. le duc de Berry, s'éloignant de son état-major, s'avança seul au milieu des lanciers. Le cri de la rébellion cessa de se faire entendre, dès que ce prince eut prononcé les mots sacrés de Roi et de Patrie; et le commandant du détachement ordonna aussitôt la retraite.

Il paraît toutefois que cet évènement, quelque peu important qu'il fût en lui-même, fut considéré comme le précurseur de troubles plus sérieux; car les princes ne jugèrent pas convenable de prolonger leur séjour à Béthune. J'appris avec douleur, quelques heures après, qu'ils s'étaient retirés avec une partie de la maison du roi, et que les portes de la ville étaient fermées. Ne pouvant me résoudre à demeurer moi-même plus long-tems dans cette ville, je m'occupais des moyens d'en sortir pour rejoindre leurs altesses royales, lorsque j'aperçus sur la place quelques grenadiers royaux escortant un fourgon appartenant à leur régiment : je préparai à la hâte mon cheval, et me rendis à la porte vers laquelle le fourgon se dirigeait, espérant pouvoir, avec les grenadiers, sortir de la place. Ce fut là que je vis le sieur de Fouchier, quartier-maître, que je ne connaissais que pour l'avoir vu quelquefois en route : je me félicitai d'une rencontre qui semblait me fournir un moyen de salut ; hélas ! je ne prévoyais pas qu'elle dût bientôt m'être si funeste!....

Le sieur de Fouchier m'apprit que les portes ne pouvant s'ouvrir que sur un ordre du Commandant de la place, il allait se rendre chez lui, pour solliciter cet ordre. Pendant ce tems je restai auprès du fourgon avec les grenadiers et le domestique de M. de la Roche-Jacquelin.

Quelques instans après, il vint nous informer qu'il n'avait pas trouvé le Commandant chez lui. D'après ses ordres, le fourgon fut reconduit sur la place, et je rentrai moi-même dans mon logement, fort im-

patient de quitter la ville. Je sortais de mon hôtel
pour examiner s'il n'y aurait pas quelque moyen de
franchir les remparts de la place, lorsque le sieur de
Fouchier m'aborda, en me disant : qu'il était très-
embarrassé, n'ayant point de logement à Béthune, et
si je consentirais à partager mon appartement avec
lui, pour y déposer le trésor que contenait sa caisse.
Je crus ne pouvoir lui refuser ce petit service ; mais
je lui témoignai en même tems mon impatience de
partir de Béthune, à cause de ce qui s'était passé
le matin, sur les glacis de la place. Il m'assura qu'il
n'était pas moins désireux que moi de rejoindre les
princes, et que nous nous concerterions ensemble
sur les moyens de sortir de la ville.

Aussitôt le sieur de Fouchier donna l'ordre de conduire le fourgon près de l'hôtel du Palais-royal ; il
était environ quatre heures du soir. Nous nous y rendîmes l'un et l'autre accompagnés des grenadiers-roy-
aux de l'escorte, d'un brigadier du même régiment,
son secrétaire, et du domestique de M. de Laroche-
Jacquelin ; il remit la clef du fourgon à ce dernier,
qui l'ouvrit aussitôt en notre présence. Le sieur Flamant, secrétaire du S.ᵣ de Fouchier, en sortit d'abord
un porte-manteau qui me parut très-lourd ; ensuite
les grenadiers, d'après l'ordre de leur quartier-maître, retirèrent du fourgon une cassette contenant les
effets de M. de Laroche-Jacquelin. Quant à la malle
renfermant les fonds du régiment, deux grenadiers,
le brigadier, le domestique du sieur de Laroche-Jac-

quelin, aidés du conducteur du fourgon, la descendirent à terre. Son poids était tel, qu'il eut été impossible de la transporter à mon logement, devenu alors celui du sieur de Fouchier. Aussi ce quartier-maître reconnut-il la nécessité d'en retirer quelques sacs d'argent, pour en rendre le transport plus facile. Il ouvrit lui-même les deux cadenas qui fermaient cette malle ; mais ayant éprouvé quelques difficultés à ouvrir la serrure, à cause d'une blessure qu'il me montra à la main, il me pria de l'ouvrir, ce que je fis aussitôt, pour l'obliger : on en retira ensuite quatre ou cinq sacs qui furent remis aux grenadiers de l'escorte et au domestique de M. de Laroche-Jacquelin. Le secrétaire du quartier-maître les accompagna jusque dans notre appartement, où ils déposèrent ces sacs, ainsi que la cassette de leur colonel ; pendant ce tems, je restai avec le sieur de Fouchier près du fourgon.

Dans un second voyage, deux grenadiers aidés de la plupart des autres individus présens, transportèrent *avec grande peine encore*, la malle contenant le reste du trésor ; le sieur de Fouchier ainsi que moi, nous les accompagnâmes, et le sieur Flamant demeura près du fourgon. En entrant dans notre chambre, nous aperçûmes sur une table, en face d'une glace, les sacs que les grenadiers avaient apportés. Je remarquai même qu'un petit papier attaché à l'un des sacs portait le nombre 1,162 fr. Quand les grenadiers et le domestique se furent retirés, le sieur de Fouchier

me dit. que n'ayant rien pris de la journée, il avait
un grand besoin; je sonnai, et l'on nous apporta un
bouillon et un verre de vin. (1) C'est alors qu'après
avoir réfléchi quelques instants, il me témoigna le
désir de se procurer de l'or, en échange d'argent
blanc, pour que le transport de sa caisse fût plus
facile; et il me pria instamment de lui rendre le service d'aller voir quelques négocians de la ville pour
effectuer cet échange.

Je lui fis observer, que quelque bien disposé que
je fusse à lui être utile dans cette circonstance, je ne
le pouvais sans me compromettre, étant sans doute
signalé, soit à cause des sentimens dont j'avais fait
preuve le 19 mars à Versailles, soit à cause de ceux
que, le matin même, j'avais également manifesté
d'une manière si énergique sur les glacis de la place.

Le sieur de Fouchier me répondit: que mon uniforme pourrait seul me faire reconnaître, et qu'habillé
en bourgeois, je pourrais parcourir la ville en toute
sûreté. Aussitôt il tira de sa malle un frac bleu, un
pantalon, un gilet jaune, une cravate de couleur, et
des bottes bourgeoises, m'engageant à m'en revêtir,
afin de lui rendre l'important service qu'il sollicitait
de moi. Cédant à ses instances, je fus bientôt vêtu
de ses habits; son secrétaire rentra au moment où
j'achevais de m'habiller, et me prêta même son ca-
nif pour fendre les empeignes des bottes qui se trou-

____

(1) De tels détails peuvent paraître minutieux, mais le lecteur en
sentira plus tard l'importance, lorsque j'aurai à prouver la fausseté des
infâmes accusations du quartier-maître Fouchier et de son faux témoin.

vaient trop étroites : bientôt après, je sortis pour m'acquitter de cette commission délicate, et je laissai dans notre appartement commun le quartier-maître avec son secrétaire.

A mon retour, le sieur de Fouchier me remit 500 f. en argent blanc ; notre aubergiste avait consenti à échanger cette somme contre de l'or, que je m'empressai de rapporter au quartier-maître de Fouchier. Quelques instants après je conduisis son secrétaire dans un appartement de notre hôtel près d'un frère de l'épouse de notre aubergiste, M. Brequin, avocat qui échangea encore une somme de 1,000 fr. (1) Cette fois comme la première, le nombre et la valeur des pièces d'or furent exactement vérifiés par le sieur de Fouchier. D'autres échangés bien plus considérables furent effectués par le quartier-maître lui-même, et par son secrétaire, dans diverses maisons, et ce, avant la nuit.

Les grenadiers de l'escorte étant venus prendre les ordres du quartier-maître, je lui fis observer qu'il ferait peut-être bien de confier à ces braves quelques sacs, ce qui diminuerait toujours la masse de ses fonds ; il approuva fort cet avis, et il fut remis à chacun d'eux un sac de 1,162 fr. L'évènement a depuis justifié la sagesse de cette mesure, puisque les sommes confiées à la loyauté de ces militaires, ont été exactement remises à la caisse du corps.

Le sieur de Fouchier me dit ensuite, qu'il désirait

(1) Voyez la preuve N.º 5.

se procurer du papier de commerce pour ce qui lui restait d'argent blanc, ce qui formait encore une somme *très-considérable*. Je sortis de nouveau, à la recherche d'une maison de banque, avec laquelle il put traiter lui-même cette affaire.

Lorsque je rentrai le sieur de Fouchier me dit, qu'il était heureux de pouvoir m'apprendre qu'il ne lui restait plus que quatre sacs d'argent pour la valeur desquels, il désirait se procurer des lettres de change : quant à ces résidus, ajouta-t-il, en me montrant trois sacs presque vides, il faut les garder, parceque nous pourrons peut-être encore les convertir en or.

Je pensai que, pendant mon absence, ces messieurs avaient fait d'autres dispositions de la plus grande partie du trésor, et me préparai à les accompagner chez le banquier que l'on m'avait enseigné. Le sieur de Fouchier remit deux sacs à son secrétaire, en prit un, et m'en confia un autre, et nous nous rendîmes ensemble chez la veuve Pierre Jean, à laquelle il compta, en notre présence, la somme contenue dans les quatre sacs pour recevoir en échange du papier. C'est alors seulement que la nuit survint, et que le fils de la maison fut obligé de demander de la lumière pour inscrire les effets. (1) L'enregistrement de la somme ne fut pas fait en notre présence, car nous laissâmes le sieur de Fouchier terminer cette négociation, pour laquelle notre présence devenait inu-

(1) Voyez la preuve N° 6.

tile ; et nous entrâmes à l'hôtel, le secrétaire et moi, pour faire préparer le souper.

Le sieur de Fouchier rentra quelques instants après, et nous dit qu'il avait terminé à sa satisfaction. On nous servit à souper dans la salle à manger de l'hôtel, et nous nous entretînmes jusqu'à onze heures du soir des moyens de sortir de la ville.

Pendant le souper, le secrétaire conversa à voix basse avec le sieur de Fouchier, qui m'invita à lui remettre la clef de notre appartement, où il avait, disait-il, quelque chose à faire. Je la lui remis en effet; et après s'être un moment absenté, ce secrétaire vint nous rejoindre à table.

Le souper fini, nous montâmes ensemble dans ma chambre, où je pensais qu'ils allaient faire leurs dispositions pour y passer la nuit avec moi; mais alors le sieur de Fouchier me dit, que craignant de me gêner par trop, il avait chargé son secrétaire de lui procurer un autre appartement; que je fusse sans inquiétude, qu'ils seraient l'un et l'autre chez moi à la pointe du jour, pour aviser aux moyens de sortir ensemble de Béthune. J'insistai vainement pour qu'il ne fut rien changé à nos premières dispositions; le sieur de Fouchier persista dans l'intention de se retirer; je lui fis remarquer alors les trois résidus de sacs qu'il avait laissés sur la table, en l'engageant à les mettre dans sa malle. . . . . *Vous n'y pensez pas, mon cher*, me dit-il à deux reprises, avec ce ton qu'inspire la confiance, et il se retira, en me répétant que je le reverrais le lendemain, avant la pointe du jour. Je remarquai qu'en sortant le secrétaire prit derrière la porte une valise que je n'avais point aperçue jusqu'alors.

Les fatigues de la journée, et plus encore les évènemens qui se préparaient, ne me permirent pas de me livrer au repos, et j'attendis le jour avec la plus vive impatience, ne supposant pas que le sieur de Fouchier pût manquer à la parole qu'il m'avait donnée.

Cependant les premières heures du jour s'étaient écoulées, et je n'avais reçu aucune nouvelle du quartier-maître, ni de son secrétaire. Je m'informai dans mon hôtel, s'ils ne s'y étaient pas présentés ; on m'assura qu'ils n'y avaient paru ni l'un ni l'autre : toutefois, j'ai été instruit depuis, qu'ils y déjeunèrent ensemble, à neuf heures du matin, tandis que j'étais occupé à les chercher de toutes parts dans la ville ; et qu'au lieu de me demander, ils ne s'étaient pas même fait reconnaître pour les personnes qui avaient soupé la veille avec moi. Je me persuadai qu'ils avaient trouvé le moyen de sortir de la ville, pendant la nuit, sans avoir eu le temps de m'en donner avis ; et ayant été instruit que la consigne qui défendait l'ouverture des portes était levée pour les bourgeois, je me déterminai à profiter moi-même de cette circonstance, pour rejoindre les princes.

Je songeai à mettre en sûreté les effets dont je me trouvais accidentellement dépositaire. Ma première pensée fut de les faire conduire chez le banquier qui

avait fourni du papier de commerce au sieur de Fouchier. Le fils de cette maison avait consenti sans difficulté à les recevoir ; (1) mais en rentrant dans mon
hôtel, je pris lecture des journaux de Paris, et je vis
le nom du marquis de Laroche-Jacquelin sur une liste
de proscription. Tous ses biens meubles et immeubles
devaient être frappés du séquestre; dès lors je dus
renoncer à mon projet de laisser à Béthune des effets
dont je me croyais responsable, et je me déterminai
à les adresser à une personne de confiance, à Paris,
en évitant toutefois d'indiquer qu'ils appartenaient
au marquis de Laroche-Jacquelin.

La malle du quartier-maître se trouvant presque
entièrement dégarnie, puisqu'il en avait retiré les hardes dont il avait besoin, et les habits dont il m'avait
engagé à me revêtir pour ma sûreté ; je pensai qu'il
convenait de renfermer dans une seule malle les effets
du sieur de Fouchier, avec ceux de son colonel,
afin d'en rendre le transport plus facile, et je me félicitai que le sieur de Fouchier m'eut donné un témoignage de sa confiance, dont je n'étais pas indigne,
en laissant les clefs à l'une et à l'autre malle.

J'étais auprès du bureau de la diligence où j'allais
fixer sur la malle le sabre du chevau-léger et mon
épée; ces armes m'embarrassaient avec mon costume
bourgeois; je tenais à la main un sac contenant environ 500 fr. résultat des trois résidus laissés à ma
disposition, sauf à en rendre compte au sieur de Fou-

____

(1) Voyez la preuve N° 6

chier, et j'étais disposé à payer le port de la malle et notre dépense commune lorsque ce quartier-maître se présenta à moi accompagné d'un individu qui m'était inconnu, et que depuis je n'ai eu que trop l'occasion de reconnaître pour un scélérat : c'était l'infâme François, dit Dartois !... il pouvait être alors midi ; je t'arrête, au nom du roi, me dit celui-ci, comme agent secret de Bonaparte !...

A ces mots je deviens un objet de mépris et d'horreur pour tous ceux qui m'entourent, comme pour les militaires de la maison du roi, retenus avec nous dans Béthune. Des suisses m'entraînent au corps-de garde de la place, au milieu des huées des gardes du corps, qui pensaient témoigner leur attachement au roi, en accablant d'humiliations et d'opprobres, un homme qui au besoin aurait défendu son auguste personne, avec plus de courage qu'eux, et ce n'est pas trop dire !...

Quand je fus revenu de mon étonnement, j'aperçus dehors l'homme qui m'avait arrêté comme agent de Bonaparte, exciter les militaires, et entre autres plusieurs des gardes Suisses, à se saisir de ma personne, et à me pendre sur la place. Mais j'échappai à la mort, grâce au sang-froid de M. Manier, avocat et officier de la garde nationale de la ville de Béthune, qui s'opposa fortement à ce crime. (1)

A une heure le sieur de Fouchier accompagné du domestique de M. de Laroche-Jacquelin, vint me

(1) Voyez la preuve N° 7.

demander la clef de la malle : en la lui remettant je lui dis, que l'individu qui m'avait arrêté s'était mépris sans doute ; qu'il me prenait donc pour un autre, et qu'il pouvait mieux que personne rendre justice à mes intentions et à mon dévoûment. Le traître ne me répondit point !...

Je tirai aussitôt de ma bourse les seuls 90 francs qui me restaient de l'argent que j'avais pris chez moi, à la hâte, en partant de Versailles, et je lui dis : « Vous ne me soupçonnez pas j'espère d'avoir voulu m'emparer de vos effets ? » *Je sais bien, répliqua-t-il, que vous n'êtes pas un voleur.* Aussitôt ce tartuffe se retira, évitant toute espèce d'explications, en donnant l'ordre aux Suisses qui me gardaient, de ne me laisser communiquer avec personne, et d'éviter même de répondre aux questions que je leur adresserais.

Depuis j'ai su par la déposition *écrite* du commissaire de police de la ville de Béthune, que le sieur de Fouchier s'était fait remettre la malle sans faire constater d'une manière légale ce qu'elle contenait ; et certes, s'il eut existé dans sa caisse, comme il l'a dit et fait croire depuis, *un déficit qu'il eût été fondé à m'imputer,* il n'eut pas manqué de m'adresser ses réclamations à cet égard, pendant *les neuf heures* que je fus entièrement à sa disposition, dans le corps-de-garde.

On sait combien la justice militaire est expéditive dans des momens de crises ; ou plutôt qu'il n'existe pas de justice, à l'égard du malheureux soupçonné d'espionnage, puisque, privé de tout moyen de défense, l'accusation portée contre lui est en quelque sorte un arrêt de mort. Le lecteur plus tard remarquera, par les preuves de mon innocence, que, si un arrêt semblable eût été exécuté sur ma personne, il aurait servi de quitus définitif au quartier-maître, et à ses complices, pour couvrir le déficit des sommes qu'ils ont pu soustraire au trésor.

Le hasard m'apprit bientôt, que je touchais à ma dernière heure, et la providence me donna assez de présence d'esprit et de courage, pour échapper à un trépas qui eût souillé ma mémoire, et déshonoré une famille respectable. Assis sur un fauteuil de cuir, placé près du lit de camp, j'étais absorbé dans de pénibles réflexions, et mes gardes me croyaient sans doute endormi, lorsque plusieurs Suisses armés arrivèrent au poste vers les neuf heures du soir; leur conversation ne me permit pas de douter que les préparatifs étaient faits pour mon supplice; déjà même le fatal charriot était arrivé.... Ce moment était le dernier dont je pus disposer pour mon salut : feignant de me réveiller, je prétextai un besoin naturel; six Suisses armés de leurs fusils m'accompagnèrent jusque sur la porte du corps de garde. La nuit était obscure et pluvieuse; j'avais tout à gagner et rien à perdre; je conçus le projet de sauver ma vie; bref, je renverse les deux hommes qui étaient devant moi, je me soustrais dans l'ombre à la vigilance des autres, et

Sans songer où je vais, je me sauve où je puis.....

Après avoir parcouru plusieurs rues détournées, le hasard voulut que je me trouvasse près des remparts. Aucun danger ne pouvait m'arrêter, quand je venais d'échapper à la mort. Poursuivi par mes bourreaux, je m'attendais à être bientôt cerné de toutes parts; je me dis alors, mourir pour mourir, et je me précipitai du haut en bas des remparts. Je tombai dans un jardin, où j'eus le bonheur de m'accrocher à un arbre qui ploya sous mon poids; la fracture d'une branche amortit le coup, et par ce moyen je me conservai la vie en fuyant mes ennemis.

CHAPITRE III.

J'ERRAI dans l'obscurité pendant quelque temps alentours de la ville ; enfin ayant découvert une vieille église qui servait de magasin à fourrage, harassé de fatigue, meurtri de ma chute, accablé de chagrin, je me hasardai à y chercher un asile. Là, placé entre un tas de foin et un pilier, cette retraite me semblait rendre inutiles toutes les recherches de mes persécuteurs ; cependant elle ne pouvait me mettre à l'abri des besoins qui font sentir à l'homme sa dépendance, dans toutes les situations de la vie. J'eus le temps de me livrer à de pénibles réflexions..... Je pouvais m'énorgueillir d'avoir rempli mon devoir ; mais hélas ! quelle devait en être la récompense !

Je passerai sous silence les douloureux détails des longues souffrances que j'éprouvai pendant quarante cinq heures, c'est-à-dire, depuis le samedi saint

25 mars à environ neuf heures du soir, jusqu'au lundi 27 à six heures du soir; j'eus à lutter dans cette situation affreuse contre la soif et la faim, incertain si j'attendrais la mort de l'abandon des hommes, ou si je m'y exposerais de nouveau en sollicitant leurs secours. Sans autres ressources pour ma nourriture que du foin à ronger, et mon urine à boire, je soutins ma frêle existence; mais je fus bientôt dégoûté de ce genre de vie. Enfin la crainte de mourir bientôt d'inanition me détermina à tenter les mêmes chances que j'avais courues deux jours auparavant, pour échapper à une mort d'un autre genre (1).

Le lundi au soir, je vis deux hommes qui entraient dans le magasin; je courus implorer leur pitié; je me fis connaître à eux comme étant le malheureux qu'on avait injustement arrêté et livré à l'autorité militaire, en l'accusant d'être un agent de Bonaparte: ils prirent compassion de moi, et n'hésitèrent pas à me prodiguer des secours. J'ai su depuis que ces hommes bienfaisans, s'appelaient Charles Jean et Jean Chavate. La reconnaissance a pour jamais gravé leurs noms dans mon cœur, je leur dois la vie, et l'espérance de léguer à ma fille un nom sans reproche.

Pensant peut-être que j'étais en effet un agent de Napoléon, mes libérateurs cherchèrent à me rassurer, en me disant que je n'avais rien à craindre, puisque le drapeau tricolore flottait depuis plusieurs heures sur les

______

(1) Je prie le lecteur de lire la preuve N.° VIII.

murs de Béthune... Loin de calmer mes inquiétudes, cette nouvelle les redoubla ; il n'avait fallu, rien moins qu'une machination épouvantable, pour me signaler aux militaires de la maison de Louis XVIII, comme un émissaire de Bonaparte ; mais les agens de ce dernier n'avaient pas besoin de recourir à la calomnie pour me chercher des torts : ce que j'avais fait à Versailles le 19 mars, et à Béthune le jour de mon arrivée, suffisait ; il devenait dès lors urgent pour moi de m'éloigner de cette ville.

Je ne pus cacher aux deux personnes qui venaient de me sauver la vie, que j'avais tout à craindre des autorités qui gouvernaient au nom de Napoléon ; je les priai de me laisser passer encore la nuit dans ma retraite, et d'avoir la bonté de m'apporter quelque nourriture, ce qu'ils s'empressèrent de faire avec humanité.

Le lendemain, mardi 28 mars, dès la pointe du jour, chargé de foin et de paille, afin qu'on me prît pour un employé des fourrages, je gagnai ainsi la campagne.

Le peu d'argent qui me restait (90 francs) et le manque absolu de linge et d'effets, ne me permirent pas de réaliser de suite le projet d'aller me justifier près des princes, et même de rejoindre le sieur de Fouchier, que je croyais simplement induit en erreur sur mon compte. Les périls auxquels je venais d'échapper, me firent craindre encore que mon épouse et ma fille, n'en eussent à braver elles-mêmes d'autres, pendant mon absence qui les laissait sans protecteur. Muni du passeport que m'avait délivré, M. le Maire de Versailles (1) je me déterminai donc à rejoindre ma famille, en attendant des temps plus heureux.

Le premier avril 1815, j'arrivai à Paris à midi; je descendis chez M. Tournier, bijoutier, rue Aumaire N° 22, l'un de mes amis d'enfance; j'en fis prévenir aussitôt mon épouse qui vint m'y rejoindre; elle m'apprit que j'aurais été assassiné, si j'étais resté à Versailles, que les partisans de Napoléon avaient fait retomber sur elle les effets d'une vengeance qui ne pouvait m'atteindre, en la chassant de l'hôtel affecté à ma place, sans lui fournir aucuns moyens d'existence; qu'on refusait d'acquitter mes appointemens échus, qu'elle avait payé exactement ce que nous pouvions devoir, et qu'elle se trouvait alors sans argent, que malgré le plaisir qu'elle avait de me posséder près d'elle, elle ne pouvait se dissimuler que ma vie serait encore compromise, si mon séjour à Paris était connu, m'engageant à rejoindre sans délai le roi, que j'avais si fidèlement servi jusqu'alors; attribuant à une méprise fatale, les persécutions dont j'avais été l'objet à Béthune; et m'objectant qu'il me serait très-facile, n'étant pas coupable, de me justifier.

De tels discours ne firent que me confirmer dans ma première résolution; rarement des cœurs généreux soupçonnent la perfidie; et nous attribuâmes

(1) Voyez la preuve N.° VI.

l'un et l'autre, à l'exaltation d'un zèle mal éclairé, l'accusation infâme portée contre moi.

De nouveaux sacrifices m'étaient devenus nécessaires pour rejoindre les princes ; mais aucun ne pouvait me coûter. Nous mîmes alors plusieurs de nos effets en gage dans une maison de prêt, afin de pouvoir nous rendre au sein de ma famille, à Verdun, et de là à Damvillers, afin d'y recouvrer des fonds qui m'étaient dûs, sur le contrat d'une propriété que j'y avais vendue, pour laisser des moyens d'existence à ma famille pendant mon absence, et fournir aux frais de mon voyage (1).

Toutes ces dispositions m'avaient fait prolonger mon séjour en France ; je me hâtai de réparer ce temps perdu, et le 18 avril, cinq jours après avoir touché mes fonds, et m'être séparé de nouveau des objets de mes plus tendres affections, j'arrivai à Bruxelles, où je ne tardai pas à me présenter aux autorités compétentes pour faire visiter le passe-port qui m'avait été délivré, à Versailles, *il n'y avait pas encore un mois.*

Là, j'appris que le sieur de Fouchier était à Alost avec le sieur de Laroche-Jacquelin, et qu'ils accompagnaient le trop crédule comte d'Artois, avec une partie de la maison de Louis XVIII. Je me rendis sans délai dans cette ville. J'eus le soin de me revêtir des habits bourgeois que le quartier-maître de Fouchier m'avait prêtés, afin que chacun

(1) Voyez la preuve N.° IX.

fût à portée de reconnaître celui qu'on avait traité d'une manière si cruelle, et si injuste, trois semaines auparavant. A mon arrivée, c'est-à-dire le 19 avril, vers les quatre heures du soir, je cherchai les frères de Bouchement, qui m'avaient accompagné lors de mon départ de Versailles ; et les ayant rencontrés au milieu d'un grand nombre d'officiers de la maison du roi, je leur racontai publiquement tout ce qui m'était arrivé à Béthune, en leur annonçant que je n'avais pas hésité un instant à faire tous les sacrifices possibles, et à m'exposer aux plus grands dangers pour rejoindre les princes, plûtot que de laisser planer sur ma tête un soupçon aussi infâme. (1)

Mais j'acquis bientôt la triste conviction que je n'avais pas été victime d'une erreur involontaire, et que j'étais venu me livrer sans défense à mes cruels ennemis, *à mes bourreaux* !....

Le sieur Baron, capitaine d'habillement des grenadiers à cheval, qui était présent lors de mon entrevue avec les frères de Bouchement, s'empressa d'aller instruire son ami, le sieur de Fouchier, de mon arrivée, et du désir que j'avais de me justifier près des princes. Aussitôt les sieur de Fouchier et Dartois, le même qui s'était chargé de mon arrestation à Béthune, me dénoncèrent de nouveau comme espion de Napoléon, et de plus comme ayant volé la caisse du régiment.

(1) Voyez les conclusions du ministère public.

Un officier qui m'était inconnu, vint bientôt après m'arrêter accompagné de six Suisses, parmi lesquels j'en reconnus un pour m'avoir déjà gardé à Béthune; on me conduisit près du Comte de Torgoff, homme aussi vil que lâche courtisan, qui ordonna de me garder à vue, après m'avoir abreuvé d'outrages. C'est ainsi que furent récompensés mon dévouement et ma fidélité ! Ce Torgoff put m'insulter, tromper le Comte d'Artois, mais jamais il ne me trouva rampant, ni demandant grâce pour un crime que je n'avais pas commis.

CHAPITRE IV.

L'ORDRE de me conduire en prison donné, mes yeux se dessillèrent ; je fus alors convaincu que le quartier-maître éprouvait quelqu'embarras, pour rendre compte des fonds dont il était responsable et qu'il trouvait commode de sacrifier un malheureux, pour se mettre lui-même à l'abri de toute responsabilité. Je jugeai que ce Dartois ne pouvait être que son complice, et que de Fouchier, seul, devait être l'auteur de mon arrestation ; je fus fouillé avec soin, on ne trouva sur moi qu'une somme de 700 fr. provenant du remboursement qui m'avait été fait à Damvillers, et le passeport qui m'avait été délivré le 20 mars à Versailles.

Les mêmes Suisses m'emmenèrent à la prison de la ville, deux me tenaient au collet d'une main, et de l'autre le sabre nu, appuyé sur ma poitrine ; deux marchaient devant moi le fusil chargé et prêt à faire

feu, et les deux autres derrière accéléraient ma marche en appuyant la bayonnette sur mes reins.

Parvenu ainsi escorté à la prison, le concierge me
conduisit accompagné de ces satellites mercenaires,
dans le cachot le plus obscur; l'ordre lui en avait été
donné par les puissants complices du sieur de Fouchier, je crus n'y devoir jamais arriver, tant il y avait
de circuits à faire, et de portes à ouvrir. J'en comp-
tai jusqu'à six, avant d'avoir atteint le lieu où je devais être déposé; je les entendis se fermer sur moi et
leurs effroyables verroux me font encore frémir,
quand j'y pense. Délaissé seul, je me livrai à mille
réflexions plus accablantes les unes que les autres. En
fouillant machinalement dans ma poche, je m'aperçus que mon argent n'était point enlevé, et je ne
puis regarder cette circonstance que comme un
effet de la divine providence ; *car un prisonnier sans
argent, est un oiseau à qui l'on a coupé les ailes.*
Je tombai à genoux, j'en remerciai le Tout-Puis-
sait en le suppliant de m'accorder les moyens de
pouvoir me justifier, et la force de supporter avec
courage ces injustes persécutions.

Deux heures après le geolier vint ouvrir mon cachot en me disant, qu'il prenait sur lui de me mettre moins mal ; et je le suivis, dans un endroit
où il y avait quatre personnes qui buvaient de la
bierre. J'étais alors loin de connaître ce que l'on
appelle dans les prisons, des moutons; à mon ap-
proche l'un de ces individus se leva, me disant

d'un ton joyeux, que je sois le bien venu ; qu'il fallait prendre son parti en brave ; que ses camarades et lui avaient été comme moi, qu'enfin ils l'avaient bien pris, etc. etc. Après m'avoir en quelque sorte contraint à accepter un verre de bierre, il me questionna sur le motif de mon arrestation, ajoutant que le concierge lui en avait déjà dit deux mots ; que sans doute je n'étais pas seul dans le pays ; qu'il fallait bien me garder de nommer mes amis dans mes interrogatoires ; que le concierge était un bon diable, et qu'il était persuadé que sur sa recommandation il me procurerait du papier et de l'encre, si j'en avais besoin.

L'entretien de cet homme me déplut à un tel point, que je regrettai mon cachot ; mais lorsqu'il m'eut promis de me faire avoir du papier et ce qu'il me fallait pour écrire, je me hâtai de le supplier de me rendre ce service, et je tirai de ma poche une pièce de cinq francs que je lui donnai. Il frappa aussitôt, et le concierge arriva avec de l'eau-de-vie qu'il avait déjà demandée, lui ayant fait entendre que je désirais les en régaler pour ma bien venue.

Celui qui m'avait adressé le premier la parole, suivit le geolier quand il se retira ; je prêtai l'oreille en feignant d'être toujours absorbé dans ma douleur, et j'entendis le concierge lui dire en flamand : « C'est bien cela ! voilà qui est bon ! tâchez de le faire boire et de gagner sa confiance !.. » Je n'ai pas

besoin d'affirmer que la situation où je me trouvais, me fit dissimuler la colère que m'inspirait ce désir, cette soif de m'être nuisible ; il est facile de
le concevoir.

La fille du concierge vint peu de temps après
apporter six feuilles de papier, des plumes et de
l'encre. Sans perdre le moindre moment, je me
mis à écrire, 1.º à S. A. R. le Duc de Berry, le
suppliant en grâce de me faire l'honneur de m'entendre ; que je n'en étais pas indigne, etc., etc.

2º Au prince de Poix, mon gouverneur, qui se
trouvait à Gand près du roi : je priais ce seigneur de daigner m'écouter, de venir, ou d'or-
donner que je fûsse transféré à Gand, afin que
je pûsse moi-même le convaincre de la scélératesse
dont mes ennemis voulaient me rendre victime ; je
lui fis un récit abrégé de mes relations avec le
sieur de Fouchier, des motifs qui pouvaient le porter à me faire arrêter et à vouloir ma mort...

3.º A mon épouse, pour l'instruire de la trame
infernale ourdie par le quartier-maître et ses complices ; je la mandais de venir sans perdre de temps
faire les démarches nécessaires pour me fournir les
preuves évidentes de ma justification, et détruire
ainsi, en accumulant preuves sur preuves, la calomnie dont j'allais devenir la victime. Je lui indi-
quais la marche à suivre pour parvenir à déjouer
mes calomniateurs et à les démasquer.

A peine avais-je fini d'écrire mes lettres avec leurs

adresses que le concierge arriva d'un air effaré, en me disant : « Un colonel demande à vous voir et à vous parler ; vite ! vite ! suivez-moi, il faut rentrer dans votre cachot ! » Je conçus aussitôt le soupçon de quelque supercherie, et avant de le suivre, je voulus me saisir de mes trois paquets : mais il m'entraîna promptement, en ajoutant : « Il faut les laisser là, je me charge de les faire passer à qui je dois !.... »

Ah ! mon Dieu ! m'écriai-je, je suis trahi ! Le concierge s'arrêta, et me regardant avec satisfaction, il me dit : « Vous êtes donc bien coupable ! si vous ne l'êtes pas, vos écrits ne feront rien !.... »

Traîné pour ainsi dire à mon cachot, j'y entrai, et j'entendis en frémissant fermer sur moi les énormes verroux des portes qui me séparaient des autres prisonniers.

Huit jours se passèrent sans voir d'autre figure que celle de la fille du concierge qui lui servait de guichetier ; elle n'avait que 15 ans, mais d'un cœur aussi dur que le rocher. Le neuvième jour de mon arrestation, un officier d'état-major vint pour m'interroger ; il me demanda mes nom, prénoms, âge, profession et demeure.

Ce capitaine rapporteur, c'est ainsi que l'avait appelé le sous-officier qui l'accompagnait en qualité de greffier, me dit : » Vous êtes accusé,

» 1.°-D'avoir tenu sur la place publique de Béthune

» le 25 mars dernier, les propos les plus injurieux
» contre le roi et les princes;

» 2.º D'avoir pris de vive force au quartier-maî-
» tre de Fouchier les clefs du fourgon et de la
» malle contenant sa caisse, d'avoir forcé, vers les
» sept heures du soir, le conducteur du fourgon à
» le diriger vers votre auberge;

» 3.º De vous être emparé de l'esprit de la po-
» pulace de la ville de Béthune, par des propos
» tendants à exciter la révolte; d'avoir ouvert la
» malle renfermant la caisse du sieur de Fouchier,
» d'en avoir tiré vous-même une partie de l'ar-
» gent qu'elle contenait pour le distribuer à ces
» fauteurs de troubles ameutés; de leur en avoir
» livré une autre partie au pillage, et d'avoir fait
» transporter le reste dans votre chambre;

» 4.º D'avoir fait voir au sieur de Fouchier des pa-
» piers qui vous donnaient les pouvoirs les plus
» amples de la police de Bonaparte, en lui faisant
» remarquer qu'ils étaient revêtus des signatures du
» Duc de Rovigo et du baron Delaître; de l'avoir
» assuré que jamais vous n'aviez été attaché aux
» Bourbons; et que depuis deux mois vous con-
» naissiez tout ce qui devait arriver jusqu'alors ,
» etc , etc. »

Je répondis à ces infernales machinations, que le
contenu de cette accusation était faux:

1.º Qu'à Béthune comme à Versailles et ailleurs,

j'avais assez donné de preuves de ma fidélité et de mon dévouement au roi;

2.° Que les grenadiers escortant le fourgon, le domestique de M. de Laroche-Jacquelin, le secrétaire du quartier-maître, l'aubergiste et beaucoup d'autres personnes, pouvaient me rendre justice en déclarant à quelle heure arriva le fourgon et sur l'ordre de qui on en tira les malles et la caisse militaire;

3.° Que je ne craignais pas que dans Béthune on pût trouver une personne qui osât affirmer m'avoir vu soulever le peuple, lui distribuer de l'argent, ni lui livrer au pillage les fonds de qui que ce soit; que lorsqu'il s'agit d'un fait de cette nature, s'il était vrai, on n'oserait le nier;

4.° Que quant aux papiers prétendus d'agent de police, jamais je n'en avais eu connaissance que par l'acte d'accusation : que c'était un raffinement de calomnie inventé par mes accusateurs, qui voulaient ma mort pour s'enrichir des deniers de l'état, etc., etc.

Je fis ensuite l'analyse de mes relations avec le quartier-maître de Fouchier, et par mes détails je mis la justice militaire à même d'apprécier mes déclarations.

Le monstre qui m'avait arrêté à Béthune où il voulait me faire assassiner, n'avait encore rien déposé; le sieur de Fouchier et ceux qui avaient intérêt à le seconder, attendaient mes réponses pour

les faire passer comme mensongères par le témoignage de ce scélérat de François dit Dartois,
qui les a toujours si bien servis. On refusa de me
confronter avec mes accusateurs et de me faire voir
leur déposition. L'on adressa au ministre de la guerre à Gand des papiers supposés trouvés sur ma personne, et on montra aux princes la déposition du
fourbe Dartois. Ils y ajoutèrent foi, et le Comte de
Torgoff vint le 3 juin suivant, insulter à ma misère.
Il était accompagné de deux officiers; il me déclara
que S. A. R. le comte d'Artois voulait que je fusse expédié dès le lendemain, mais que si je voulais
obtenir ma grâce, je n'avais qu'une chose à faire,
déclarer mes complices qui sans doute devaient se
trouver à Bruxelles, à Gand, à Alost ou dans les pays
environnans : que je devais être persuadé d'avance
que sur une accusation aussi bien fondée, le conseil
de guerre n'hésiterait pas long-temps à me condamner; que j'eusse à y réfléchir!.... En effet que de
réflexions ne devais-je pas faire?

Ce que j'avais déclaré n'était rien aux yeux de
mes puissans ennemis que la vérité sortie de la bouche et de la plume d'un malheureux, qui se trouvait sans moyens de défense, dans un cachot, et
sans pouvoir communiquer avec qui que ce fût. Mes
accusateurs avaient eu connaissance, non seulement
des réponses par moi faites au capitaine-rapporteur,
mais encore de tous les détails que je donnais sur les
papiers dont le concierge de ma prison s'était emparé;

aussi résolurent-ils de me faire périr le plutôt possible, en continuant leurs infernales machinations.

Il m'était, en pays étranger, impossible dans les circonstances présentes, d'obtenir les preuves incontestables de mon innocence. Comment en temps de guerre faire citer les témoins de mes démarches à Béthune? Ainsi je voyais déjà mon accusateur et son faux témoin triompher, en déposant et attestant les crimes qu'ils avaient inventés pour me faire fusiller! ma condamnation à la peine capitale pouvant seule les faire échapper à celle qui les attendait, si j'avais pu me faire entendre.

La mort ne m'a jamais effrayé, mais mourir innocent, victime de mon dévoûment et de ma complaisance! mourir sur une terre étrangère, loin d'une épouse chérie, de ma Célina, de cette fille, unique objet de mes affections; et pour comble d'infortune, mourir par suite d'une condamnation infamante!... Un jour absorbé dans ces pénibles réflexions, je m'écriai en élevant les mains au ciel : O mon Dieu! toi seul peux me sauver! si ta volonté est que je meure innocent, daigne au moins m'accorder la grâce de parvenir par quelques moyens à instruire ma malheureuse famille de ce qui me fut réservé, pour récompense de mon dévoûment et de ma fidélité!..

A peine avais-je adressé cette courte, mais fervente prière au Tout-Puissant, qu'un jeune officier descendit jusqu'à mon cachot, pour me donner lecture de mes réponses, et me demander si j'avais quelque

chose encore à ajouter ou à rectifier : il était six
heures du soir ; je lui répondis que non ; mais que
depuis 44 jours n'ayant pas pris l'air, je le suppliais
de vouloir bien donner l'ordre au concierge de
me laisser un instant dans la cour avec les autres
prisonniers ; que j'en profiterais pour leur faire quelques aumônes (je possédais encore 28 pièces de 20
francs) : ce jeune militaire plein d'humanité, après
avoir jeté sur moi un regard de compassion, se
retira avec le concierge, qui me permit de me mêler aux autres prisonniers dont le nombre était de
14. Je leur fis aussitôt distribuer à chacun un petit pain et un verre d'eau-de-vie, ce qui fut passé
par la fille du concierge, à travers le guichet donnant dans la cour où nous étions. Après la distri-
bution, je changeai une pièce de 20 francs, afin de
leur en distribuer la monnaie, en leur recommandant de prier Dieu pour moi, ce qu'ils me promi-
rent de faire avant de se coucher.

Un des prisonniers me demandant mon nom et
mon pays, tira de sa poche un petit agenda sur lequel il se disposait à l'écrire ; mais m'apercevant
que presque toutes les feuilles en étaient blanches,
je lui fis connaître ainsi qu'à six de ses camarades,
qui parlaient le mieux la langue française, non seulement mes nom et prénoms, mais aussi ceux de
mon beau-père, de mon épouse et de ma fille, avec
leurs adresses ; en y ajoutant ces mots : *C'est à
Alost près de Gand que Jean--Pierre Thiery est*

mort !... Il a promis cent francs à celui qui, le pre-
mier, remettra cette note à quelqu'un de sa famille.

Je lui avais à peine remis cet agenda, que le
concierge vint m'apprendre qu'il n'avait pas trouvé
d'avocat qui voulût se charger de ma défense ; je
tirai alors de ma bourse deux pièces de 20 francs,
en lui disant ; au nom du ciel, tâchez de m'en
procurer un. En recevant mes 40 francs, il me
répondit : je vais de nouveau y voir, mais je doute pouvoir y parvenir. Après avoir donné l'ordre
à sa fille de renfermer les prisonniers, il sortit.

Lorsque tous les détenus furent rentrés, cette jeune personne vint à moi, et me dit de la suivre
pour rentrer aussitôt dans mon cachot. Je lui fis
observer que son père m'ayant promis de revenir
bientôt, il ne pouvait lui avoir dit de me renfermer en même temps que les autres, qu'en conséquence, je la priais de me laisser prendre l'air dans
la cour, jusqu'à son retour, ce qu'elle ne fit pas
de difficulté de m'accorder. Comme elle vint ensuite tirer de la pompe qui se trouvait dans la cour,
un baquet d'eau, je m'empressai de l'aider à le mettre sur sa tête, pour le porter dans la cuisine, et
dès qu'elle en eût ouvert la grille qui sépare la cour
du corps-de-logis du concierge, je l'accompagnai
paisiblement, en la priant de me laisser aller avec
elle, pour que sa mère ait à me procurer un peu
de sucre et un verre de vin. Je lui glissai alors dans
la main une pièce de 20 francs ; en ajoutant que

çet argent servirait à lui acheter une robe ; et par ce cadeau adoucissant son humeur farouche, je trouvai le moyen d'arriver dans la chambre où était sa mère.

Cette femme était bien plus âgée que son mari, et ne parlait presque pas français ; cependant je compris assez bien son flamand, pour entendre qu'elle ordonnait à sa fille de me servir ce que je désirais, et d'aller ensuite chercher son père. Avant de descendre à la cave, elle courut à la porte de la rue, pour voir si son père revenait, et dans ce moment je remarquai qu'elle avait laissé la clef sur la porte. L'idée de me tirer des mains de mes bourreaux me vint alors. O mon Dieu ! sauvez-moi, dis-je, tout bas, ne permettez point que le crime triomphe ! aidez-moi, Seigneur, et ne m'abandonnez pas ! C'est vous qui à Béthune, m'avez donné le courage de me soustraire déjà une fois à la mort ; en ce moment je compte entièrement sur votre bras invisible, pour parer le coup qui me menace....

Je passai aussitôt près de la vieille qui était occupée à filer ; je traversai le corridor attenant à la porte de sortie ; je m'emparai de la clef, et j'ouvris promptement la porte. J'avais déjà un pied dans la rue, quand la jeune fille plus leste que moi, parvint à m'arrêter par le pan de mon habit. Je ne m'attendais pas à ce contre-temps, et j'étais tellement faible, qu'elle n'eut aucune peine à me renverser en arrière, et à me retirer dans l'avant-cour :

puis elle et sa mère, qui était de suite accourue, se mirent devant la porte, que l'une d'elles s'empressa de refermer. M'étant relevé, et voyant l'impossibilité de lutter contre ces deux femmes, loin de chercher à les éloigner de la porte, je courus dans le corridor, j'en fermai derrière moi la porte, et par ce moyen j'eus le temps de gagner les appartemens du haut, j'ouvris une fenêtre qui fort heureusement n'avait point de barreaux ; elle donnait sur la rue, et sans perdre le temps à mesurer de l'œil quelle pouvait être la hauteur de l'étage, je me précipitai en bas (1).

La fille entendit ma chute, sortit dans la rue ; là, m'ayant trouvé étendu sur le pavé, elle fit tous ses efforts pour m'arrêter, cria de toutes ses forces à la garde ! mais la mort qui était présente à mon esprit, doubla mes forces, je luttai contre elle, je la repoussai et je ne me débarrassai de ses mains, qu'après l'avoir renversée à terre.

Quoique je me fusse donné une entorse en tombant, je me mis à courir de mon mieux jusqu'au canal qui ferme l'entrée de la ville d'Alost, qui heureusement pour moi se trouva au bout de la rue voisine de la prison. Il était alors dix heures du soir, il faisait nuit ; j'eus le bonheur de n'être rencontré de personne. Le concierge allait rentrer, quand reconnaissant la voix de sa fille, qui se lamentait, il s'empressa de courir lâcher ses deux

______

(1) Voyez les preuves dans les conclusions du ministère public.

chiens ; mais le canal loin de retarder un moment ma fuite, la protégea : je n'hésitai pas à sauter dedans ; je le franchis à la nage, et bientôt je me trouvai dans la campagne à l'abri de mes persécuteurs et des deux chiens, qui en courant n'avaient pu suivre mes traces que jusqu'au canal, arrivés près de l'eau ils s'étaient trouvés en défaut.

N'était-ce pas assez d'avoir à lutter contre les persécutions des hommes? il m'était encore réservé de combattre les élémens.

Combien de fois, n'ai-je pas depuis remercié la divine providence d'avoir permis que j'eusse fui à gauche, plutôt qu'à droite? je n'eusse pas rencontré le canal; je n'aurais eu à parcourir que des rues, où les chiens aussi impitoyables que leur maître, m'eussent infailliblement atteint. Repris et incarcéré de nouveau, il ne m'était plus permis d'espérer jamais tromper l'active surveillance de mon cerbère de geôlier; c'en était fait de moi....

CHAPITRE V.

Encor je bénirais la bonté souveraine,
Si le ciel à ces maux avait borné ma peine.
BOILEAU.

Parvenu à l'autre bord du canal, j'écoutai quelques instans, mais n'entendant rien, je me déterminai à m'éloigner promptement de la ville, en doublant le pas pour me 'réchauffer, car le froid commençait à me saisir. J'errai long-temps au hasard, sans savoir quelle direction je prendrais, ne connaissant pas le pays où je me trouvais. La marche était très-pénible, pendant la nuit, sur un terrain marécageux, et dans un pays étranger, où chaque village était encombré de soldats Anglais, Belges et Prussiens, où je n'avais pas même l'espérance de me faire entendre des habitans de la campagne : il fallait fuir la mort comme moi pour vaincre et surmonter tant de dangers sans perdre courage. Je pris donc pour guide une étoile : rien ne pouvait plus m'arrêter ; avec un pied gonflé par une entorse, et tout faible que j'étais, je traversai bleds et seigles, je franchis les haies et les ruisseaux qui s'opposaient à mon passage : je ne me détournais que pour éviter les villages, ou quand j'entendais le qui vive des patrouilles et des sentinelles avancées, dont j'essuyai le feu plusieurs fois avant le jour. Dès qu'il parut, je vis que je n'avais de la tête aux pieds qu'un emplâtre de fange ; et dans cet état je n'osais me montrer. Je fis la réflexion que le premier venu pourrait me croire un malfaiteur, et nul doute qu'il ne s'empressât de m'arrêter, et de me conduire au poste voisin. Comme je me livrais à cette triste pensée, le soleil commença à paraître ; j'entendis parler près de moi plusieurs hommes que bientôt je reconnus être des faucheurs, je me tins cachai dans un champ de seigle plusieurs heures, occupé à nettoyer de mon mieux mes habits.

Le poids du jour commençait à se faire sentir ; j'étais nu ; je m'habillai donc avec l'espoir de découvrir quelqu'habitation isolée, où je pûsse me procurer, en payant, un peu de nourriture dont j'avais grand besoin. Je me remis en marche, déterminé à implorer l'humanité des premiers paysans que je rencontrerais, pour obtenir, s'il était possible, un asile sûr, aide et protection. Après bien des circuits et détours en longeant une haie, j'entendis très-distinctement à quelque distance de moi, le bruit d'un métier de tisserand, et j'aperçus derrière de grands arbres une maisonnette, dont les fenêtres étaient composées de châssis vermoulus, n'ayant pour carreaux que des papiers huilés. Je m'approchai tout doucement de cette embrasure de fenêtre pour regarder qui se trouvait dans cette habitation : et il me fut impossible de rien voir à travers ce vitrage de papier : il n'en était pas de même de l'autre côté, mon ombre ôtait la clarté, et l'artisan qui travaillait, quitta son métier, sortit et vint me demander, en français, ce que je voulais. Je ne vis pas plutôt la porte de la chaumière ouverte, que j'entrai de suite ; je lui déclarai qu'étant français, des raisons majeures m'obligeaient à me cacher ; enfin que la vie d'un honnête père de famille était entre ses mains !...

Ce brave homme s'empressa de me donner du pain, du beurre et du lait ; après m'avoir rassuré, il m'apprit qu'il avait servi dans les troupes françaises ; qu'étant revenu chez ses parens il avait préféré travailler avec eux, plutôt que de reprendre du service dans son pays, et que présentement son père et sa mère étaient allés reporter une pièce de toile à Alost : qu'il était satisfait de cette circonstance, parce que son père d'un naturel peureux, aurait pu refuser de me recevoir dans la crainte de se compromettre. A Alost ! m'écriai-je, tout ému : quelle distance y a-t-il d'ici ? trois petites lieues, me répondit-il ; mais ils ne doivent revenir que ce soir, ainsi quand vous serez rafraîchi et reposé, je vous conduirai à notre grange ; car dans l'état d'enflure où je vois votre pied, vous ne pouvez aller plus loin.

Hélas ! disais-je en moi-même, n'avoir fait que trois lieues après avoir tant marché et pris tant de peine ! J'étais hors des mains de mes persécuteurs, il fallut m'en consoler. Je n'étais toujours pas sans inquiétude ; mais que faire ? Je pris le parti de rester pour prendre le repos dont j'avais besoin, en priant cet ancien militaire de me vendre sa blouse, un grand pantalon de toile, de gros souliers et une casquette grise que j'aperçus sur un vieux coffre. Pour payement de ces hardes et de ma nourriture, je lui laissai mes habits, et je mis dans sa main deux pièces de 20 francs. Muni de ce travestissement, et appuyé sur un bâton, je gagnai la grange, mâsure sans fermeture, et je me couchai sur la paille qu'elle contenait en assez grande quantité.

Mon hôte vint m'y consoler et me rassura de son mieux, en me conseillant de me livrer paisiblement au sommeil pour réparer mes forces, et me promettant que le lendemain, dès avant le lever de son père, il m'apporterait à manger, etc.

Cette conversation n'avait rien de tranquillisant pour moi : le père et la mère, à Alost, pouvaient avoir appris ce que je n'avais pas jugé à propos de confier au fils. Je me décidai à ne point passer la nuit dans l'endroit où j'étais caché, et à mettre à profit l'obscurité pour m'éloigner ; mais essayant de poser le pied droit à terre, il me fut impossible de pouvoir rester debout. Nécessité fait loi ; je me replaçai dans la paille, et là, je suppliai le Tout-Puissant de ne

pas m'abandonner et d'achever son œuvre : bien pénétré de sa divine protection, et fort de mon innocence, je m'endormis et ne me réveillai qu'à la voix de mon jeune hôte, qui me dit : « Voilà du lait tout
» chaud et du pain pour toute votre journée. Je
» ne puis maintenant vous dissimuler mes craintes;
» vous ne m'aviez pas dit que vous étiez un agent
» secret de Napoléon, et comme tel, que vous de-
» viez être condamné à mort hier lundi, comme en
» effet vous l'êtes ! je vous apprendrai qu'on vous
» cherche partout ! les troupes du roi de France
» sont répandues dans tous les villages environnans,
» les chefs proclament non seulement que ceux qui
» vous donneraient un asile seraient regardés comme
» vos complices, mais encore que celui qui vous
» arrêtera et reconduira à Alost, recevra de suite
» douze louis de récompense, des mains du Comte
» de Torgoff, chef d'état-major du Comte d'Artois. »
» Je me levai aussitôt pour lui demander com-
» ment il avait appris toutes ces choses.. » C'est
» de la bouche de mon père, qui a été arrêté, ainsi
» que ma mère, à leur arrivée à Alost. Ils ont été
» conduits à l'état-major de la place, où il leur
» a été fait mille questions pour connaître s'ils ne
» vous avaient point rencontré. Écoutez! ajouta-t-il, je
» crois entendre du bruit; c'est peut-être de la trou-
» pe, cachez-vous vite.... » Bien loin de suivre ses
conseils de me cacher de nouveau dans la grange,
je ne balançai pas un instant à sortir; mes prépa-

ratifs de départ ne furent pas longs à faire, je saisis habilement mon bâton et le pain qu'il venait de m'apporter, j'avalai le lait, et sans chercher à gagner la porte, je passai à travers l'un des trous dont la paroi était criblée du côté des champs. Je me traînai sur mes genoux, mes pieds et mes mains, comme je pus, jusqu'à une petite rivière éloignée de là de près d'une demi-lieue : pour la traverser, j'eus soin de me déshabiller, et parvenu à l'autre bord, je me rhabillai promptement. Il se trouva que beaucoup de personnes étaient de ce côté, occupées à faner le foin. Je me hâtai en marchant alors de mon mieux de gagner la contrée voisine qui était des seigles, où je me tins caché le reste de la journée et une partie de la nuit suivante, uniquement occupé à réfléchir aux moyens que je prendrais pour me procurer des vivres, sans m'exposer à retomber dans les mains de mes ennemis.

Le 7 juin, c'est-à-dire, trois jours après mon évasion d'Alost, je me hasardai davantage, et je trouvai moyen de changer ma casquette contre un grand chapeau rond du pays, et ma blouse bleue contre une grise. Muni de ce nouveau costume, comme il n'y avait que mon parler qui pouvait me trahir, je pris le parti de contrefaire le sourd et le muet; de montrer par mes signes que j'étais compagnon cordonnier, et que j'allais à Bruxelles, où me conduisait la route sur laquelle je m'étais décidé enfin à voyager.

Peu de temps après, je vis passer un grand trou-

peau de bœufs que des bouviers conduisaient en cette
ville, au parc des Anglais. Je profitai de cette circonstance pour me mêler à ces gens, leur faisant entendre par des signes, que mon intention était de
suivre la même route qu'eux, et que s'ils le trouvaient
bon, je les aiderais à conduire leurs bœufs, en les em-
pêchant de s'écarter du chemin que nous avions à
suivre.

Cette idée vint à bien, elle me servit parfaitement;
car après deux lieues de marche nous arrivâmes à
un gros village où se joignent les routes d'Alost et de
Gand ; nous y passâmes au moment où précisément
les diligences arrivaient. Je remarquai plusieurs Suisses et des gardes du corps, qui paraissaient attentif,
à examiner les voyageurs qui en descendaient : j'y reconnus parmi ces curieux, le Suisse qui m'avait gardé
et le jeune officier auquel j'avais demandé en grâce
de pouvoir prendre l'air dans la cour de la prison
d'Alost. Mon cœur en tressaillit de crainte ; je fus
pour un moment prêt à me déconcerter ; mais la
prudence me suggéra l'heureuse idée, pour me mas-
quer la figure, de mordre dans un gros morceau de
pain de munition que le chef des bouviers m'avait
donné, comme par charité, et que je m'étais bien
gardé de refuser ; puis d'un ton grognard, je redoublai d'activité à pourchasser le bétail devant moi. Entré avec le troupeau de bœufs dans la ville de Bruxelles, j'y remarquai qu'elle était remplie et entourée
de troupes de toutes armes et de plusieurs nations

étrangères. Ayant entendu dire dans une brasserie
que les polices anglaise et prussienne faisaient arrêter
un grand nombre de Français, je crus ne devoir pas
y séjourner. J'eus le soin avant de sortir d'échanger
une pièce de vingt francs contre de la monnaie du
pays. Dans les campagnes cet échange aurait pu donner
des soupçons sur mon compte. Pour y parvenir, j'entrai dans une boutique où, comme chez les boulan-
gers de France, on vend des pains mollets. Je présentai à la marchande ma pièce, lui faisant signe de
me vendre de ses pains et de me rendre le reste en
menue monnaie : comme cette femme était trop long-
temps à opérer l'échange, je perdis patience, ma
présence d'esprit m'abandonna et je lui dis : Dépê-
chez-vous donc ! Il n'en fallut pas davantage pour
faillir me perdre encore. Recevant mon argent, je
m'empressai de rejoindre mes compagnons de voyage qui venaient de rafraîchir avec moi ; je leur fis
signe que j'allais chercher de l'ouvrage et les quittai.
C'est alors que je vis la marchande accompagnée
d'un caporal anglais et de deux soldats, leur montrer le chemin que j'avais dû prendre, et de suite
voilà les Anglais à mes trousses. Fort heureusement
pour moi je m'étais aperçu à temps de cette démarche ; je fis un demi-tour et je sortis de Bruxelles par
un autre chemin.

CHAPITRE VI.

Je supprime ici le récit de tous les dangers que je courus alors..... Combien de fois les vedettes, sentinelles et patrouilles ne firent-elles pas feu sur moi? Je passe sous silence tous les maux sans nombre que j'eus à souffrir, ne marchant presque toujours que la nuit à travers des troupes de différentes nations, dans un pays que je ne connaissais point; par des chemins impraticables; obligé de me cacher une partie du jour dans des forêts ou des rochers; n'ayant pas toujours à ma disposition les alimens même les plus grossiers!... Combien de fois ne fus-je pas encore poursuivi et mordu par de gros chiens que des fermiers lâchaient la nuit à mes trousses; combien d'heures ne fus-je point obligé de passer dans les joncs et les roseaux, le long des étangs où je me réfugiais, fuyant l'honnête homme comme le méchant. Tantôt couvert de fange ou de sueur, tourmenté par la soif ou par la faim ; harassé de fatigue, sans cesse exposé à être arrêté, je ne vivais pas, je souffrais continuellement. En proie à l'inquiétude, j'éprouvais le supplice bien mérité d'un coupable qui échappe à la justice des hommes, tandis que par ma fuite, je préservais mes juges du plus grand des malheurs, la condamnation d'un innocent.

Quel devait être le terme de tant de calamités ? La prudence me défendait également de rentrer en France, où je devais être signalé à la police de Napoléon comme un homme attaché à Louis *XVIII* ; et de rejoindre les princes, où je retrouvais des accusateurs plus furieux, sans doute, de ce que leur victime avait échappé déjà deux fois à leurs coups. Les mêmes dangers s'offraient pour moi des deux côtés : je résolus d'attendre loin des hommes que la providence m'offrît l'occasion de me justifier.

Arrivé à l'un des faubourgs de Mons, vis-à-vis l'hôtel du petit Versailles, je remarquai une chaumière dont les toitures étaient à moitié tombées de vétusté ; la pluie depuis une heure tombait par torrens ; je cherchai à m'y réfugier pour y passer la nuit à l'abri d'un orage épouvantable. A en juger par son état de délabrement je ne la crus pas habitée ; mais quelle fut ma surprise en y entrant, de voir une jeune femme donnant le sein à un enfant nouveau-né ; et six autres jouant sur de la paille, dans cette espèce de galetas sans meubles. Je la suppliai par signes de m'accorder l'hospitalité. Le mari de cette femme, père de sept enfans, arriva. Les caresses qu'il leur fit m'inspirèrent de la confiance en ce bon père de famille et me déterminèrent à quitter mon rôle de sourd et muet. Je lui contai qu'étant Français, père et époux comme lui, je m'étais rendu à Bruxelles pour des affaires d'intérêts ; que j'y avais vu arrêter une grande partie de mes compatriotes et que craignant de l'être moi-même, j'avais pris le parti d'acheter des effets pour me déguiser, et de sortir de la ville, en contrefaisant le muet partout où je passais. J'eus la précaution de remettre de suite à la femme le reste de la monnaie que je possédais encore de la pièce de 20 francs changée à Bruxelles trois jours auparavant, et sur laquelle je n'avais guère dépensé que deux francs environ. C'est là, lui dis-je, toute ma fortune présente, disposez-en pour me faire vivre, ainsi que vous, pendant quelques jours, durant lesquels je songerai aux moyens qu'il faudra que je prenne pour rejoindre ma malheureuse famille.

Le mari compâtissant voulait que sa femme me rendît mon argent. « Quand il y a pour huit, il y a pour neuf, disait-il : je suis pauvre, mais j'ai des bras et du courage ; j'ai le bonheur d'avoir de la santé et une bonne réputation. »

J'observai à ces bonnes gens que j'étais incapable de reconnaître autrement leurs bons services ; que je ne voulais pas leur être à charge ; qu'au reste je pourrais perdre cet argent dans le grenier où ils venaient de me dire que j'aurais à me tenir caché. Cédant à mes instances, l'argent fut accepté pour payer ma nourriture. Ce brave homme m'apprit qu'il se nommait Jean Simon, qu'il était tonnelier; qu'il travaillait à Mons chez un riche brandevinier où il gagnait 24 sols par jour.

Plût à Dieu que cet exemple de désintéressement d'un pauvre, servît de leçon à de mauvais riches!..

La chaumière de cet honnête artisan me servit de retraite jusqu'au 20 juin; les évènemens militaires de Waterloo étaient déjà connus à Mons; des colonnes anglaises suivies d'un gros matériel de guerre défilaient sur la route de France; j'appris que S. M. Louis *XVIII* venait d'être de nouveau proclamé dans plusieurs villes du Nord et qu'il devait l'être sous peu de jours à Paris. Je pensais que le temps de ma justification approchait et je me déterminai alors à suivre les équipages des armées étrangères, conduits presque tous par des charretiers, dont la plus grande partie parlait français.

Je me fis acheter un fouet par mon hôtesse, qui avant d'en faire l'acquisition avait cru devoir prévenir son mari de mon projet: le brave Simon revint avec sa femme, me dit qu'il n'avait pas voulu me laisser partir sans me faire ses adieux et savoir s'il pourrait encore m'être de quelque utilité. Je lui fis alors connaître la résolution que j'avais prise; je le remerciai bien sincèrement de ses offres de service, de cette généreuse hospitalité qu'il n'avait pas craint de me donner, et après lui avoir cordialement serré la main ainsi qu'à sa femme, je quittai ces honnêtes gens, en versant des larmes de reconnaissance et d'attendrissement !....

J'arrivai près de Paris en suivant les équipages de l'armée anglaise ; je fis si bien que je trouvai le moyen de passer les avant-postes et j'entrai à Paris le 26 juin, à onze heures du matin. Mon premier soin fut de me procurer des habits et du linge à mon usage. Ne me croyant pas suffisamment en sûreté à Paris dans les circonstances présentes, je fus à la recherche d'une voiture publique pour retourner au sein de ma famille : je trouvai, *le même jour*, le sieur Faucher, messager de Saint--Mihiel à Paris ; j'arrêtai une place dans sa voiture jusqu'à Revigny, arrondissement de Bar-le-Duc, où mon épouse était chez son père, receveur de l'enregistrement.

Je fus arrêté comme suspect, à Changy, près de Vitry-le-François, faute de papiers, et conduit par la garde nationale à Vitry-le--brûlé. Je me fis réclamer par M. Poisson, propriétaire, demeurant à Couvrot, comme mari de sa cousine-germaine Marie--Anne Geoffroy. Ce parent obtint mon élargissement ; me conduisit chez lui, où je demeurai une quinzaine de jours (1). Il me fut facile de prévenir mon épouse de mon arrivée chez son cousin ; bientôt après elle vint m'y trouver et j'eus le bonheur de faire trève pendant quelques jours à mes infortunes.

(1) Voyez le N° X des pièces justificatives.

Enfin ayant appris l'entrée du Roi à Paris , pensant que le jour de ma justification était arrivé ; *après en avoir écrit au prince de Poix, mon gouverneur,* je quittai pour la troisième fois ma femme et ma fille, voulant aller repousser l'ignominie qu'on avait tenté de faire tomber deux fois sur ma tête.

De retour à Paris le 31 juillet, je me rendis chez mon gouverneur, il était absent. Je ne trouvai à son hôtel que son secrétaire , le sieur de Rambaux, qui passait pour être un fils naturel du prince, et pour celui qui m'avait écrit la lettre anonyme, dont j'ai parlé au chapitre premier de ce mémoire. En me regardant d'un air de mépris , il me dit avec effronterie : » Comment osez-vous vous présenter » ici : ignorez-vous donc que vous avez été condam- » né à mort à Alost?... »

On me l'a déjà assuré, lui répondis-je ; mais je ne suis plus en pays étranger, je pourrai du moins ici me justifier des calomnies et des inculpations qui pè- sent sur ma tête; tous les gens de bien de la ville de Versailles qui me connaissent déposeront si je suis ou non attaché au roi. » Nous savons maintenant, me » répliqua-t-il, que vous n'êtes pas agent de Bona- » parte ; mais aussi qu'avez-vous fait du trésor des » grenadiers royaux? Au surplus, j'ai de l'occupa- » tion, je ne puis vous entendre, pas plus que mon » prince qui refuse de vous voir!... » Puis se levant brusquement, il me ferma la porte au nez, dès que je fus dehors.

En quittant cet insolent secrétaire, je me hâtai de partir pour Versailles. A mon arrivée, je me rendis chez M. le chevalier de Jouvencel, ancien maire de cette ville, toujours député de Seine-et-Oise. J'eus le bonheur de le trouver et je l'instruisis de mes malheurs. Ce respectable fonctionnaire me répondit qu'il était facile de me justifier, en publiant l'exposé de ma conduite pour le mettre sous les yeux du roi, des princes et des ministres.

Je m'occupais de ce travail avec toute l'ardeur d'un homme impatient de recouvrer l'estime de son souverain et de ses concitoyens, lorsque la carrière des persécutions se rouvrit de nouveau pour moi.

Mes implacables ennemis, prévenus sans doute de mon arrivée par le secrétaire de Rambaux, qui leur donna l'éveil, ne me perdirent pas de vue.

Que le lecteur juge combien ils avaient soif de mon sang ! A peine y avait-il quatre jours que j'étais à Paris, quand le 4 août, le même Dartois, accompagné d'un individu qui m'était inconnu vint m'arrêter chez M. Tournier, rue Aumaire, n° 22, en me disant : » *C'est pour la troisième fois* que je t'arrête ; mais cette fois tu es entre bonnes mains.... tu n'échapperas plus.....»

On ne sait ce qui doit révolter le plus, ou du rôle infâme que cet homme qui se disait militaire, s'obstinait à jouer, ou du vœu barbare qu'il osa proférer, en se chargeant tant de fois d'une arrestation illégale.

CHAPITRE VII.

Cette nouvelle arrestation fut pour moi un coup de foudre; mes mémoires n'étaient point encore terminés. Je fus conduit devant un commissaire de police, où ce scélérat de Dartois reproduisit ses imputations et renchérit même sur sa fausse déposition d'Alost, en déclarant que j'étais condamné à mort par coutumace.

Je fus interrogé d'abord par le commissaire de police et le lendemain à la préfecture par un commissaire interrogateur, qui ne voulut écrire qu'une bien faible partie de mes réponses.

Le sieur de Fouchier, mon accusateur, fut le porteur des papiers de la procédure d'Alost. Secondé et conseillé par de puissans complices, il se vit dans la nécessité de les faire changer et dénaturer. Rien ne lui coûtait pour mettre à exécution ses infâmes et criminels desseins.

Transféré dans la prison de la Force, j'ignorai pendant trois mois, si on devait prononcer sur mon sort, ou étouffer mes plaintes dans le silence des cachots. On imagina enfin de me faire traduire devant un conseil de guerre; mais il ne s'éleva de charges contre moi que dans les accusations calomnieuses de mes persécuteurs. J'appris dans le cours de la procédure que ce n'était point à mort que j'avais été condamné à Alost, comme l'avait déclaré Dartois au commissaire de police, mais aux travaux forcés, pour avoir volé dans la nuit du 20 mars 1815, dans la rue de Poissy, le cheval et l'équipement d'un garde du corps.

Dans mes divers interrogatoires, j'instruisis M. le capitaine-rapporteur des faits déjà exposés et détaillés au lecteur, en suppliant cet officier de faire entendre les frères de Bouchement, et surtout le jeune militaire que j'avais cru devoir arrêter comme déserteur, etc. ; espérant par là confondre mes accusateurs et faire proclamer cette fois mon innocence... Vain espoir ! il ne se présenta au conseil que les hommes intéressés à ma perte, leurs calomnies devinrent des preuves aux yeux de mes juges; je n'étais plus poursuivi comme agent de Napoléon; mais l'officier remplissant les fonctions d'accusateur public, ne cessa de m'imputer ce fait, et c'est à dix heures du soir que M. le capitaine-rapporteur, après m'avoir fait venir au greffe de la prison de l'Abbaye où l'on m'avait conduit, me fit la lecture du jugement qui me condamnait aux travaux forcés à perpétuité...

Atterré par ce coup imprévu, j'en appelai de la justice des hommes à la justice du ciel...

La mort ou l'infamie, m'écriais-je avec amertume, voilà donc le partage de celui qui fut toujours honnête homme et serviteur fidèle!.. Qui voudra désormais croire à mon innocence, lorsqu'un arrêt me flétrit... et que me servira le témoignage de ma conscience, quand je suis devenu aux yeux de tous mes concitoyens un objet d'horreur ou de pitié!...

Je me trompais : un des membres du conseil, M. le Commandant Violi, capitaine-rapporteur, avait lu dans mon âme... Ce langage à la fois simple et solennel d'un homme qu'on accuse injustement avait porté dans son cœur la conviction de mon inno cence.

Au sortir de la séance, M. le rapporteur entendit deux témoins dire, avec une légèreté bien coupable, qu'ils n'avaient pas rendu compte de plusieurs faits justificatifs à ma décharge, *parce qu'ils savaient bien* que j'étais un malheureux qu'on voulait perdre; et c'est de la bouche même de cet officier supérieur que MM. Mars, avocat du roi, et Coffinières, avocat près la cour royale de Paris, ont recueilli ces détails. Ce trait de lumière ne fut pas perdu pour cet officier estimable: dès-lors il crut que son devoir l'obligeait à faire réparer une grande injustice. Etranger à toutes les formes de la procé-

dure, je n'avais vu dans mon arrêt que la condamnation infâmante prononcée contre moi. Il y re-
marqua un vice de forme, et se félicita de ce qu'un
moyen, dont la mauvaise foi abuse si souvent, ou-
vrirait une voie de salut à un malheureux injustement condamné. Il me donna l'assurance que l'erreur judiciaire dont j'étais la victime ne serait pas
consommée.

L'évènement justifia sa généreuse prévoyance; l'arrêt du conseil de guerre fut cassé par un autre de
révision ; et aujourd'hui cet homme de bien, qui
joint aux vertus militaires les qualités qui honorent
l'humanité, peut s'applaudir d'avoir conservé un père à sa fille et un Français à son pays.

Mais hélas ! d'autres épreuves m'étaient réservées :
l'arrêt du conseil de révision, en déclarant les tribunaux militaires incompétens pour me juger, m'avait
mis à la disposition de M. le Procureur du roi, près
le tribunal de première instance de la Seine. Combien de mois n'avais-je pas encore à languir dans les
prisons? qui pouvait en prévoir la fin.

Transféré de la Force à la Conciergerie avec des
misérables de toute sorte, je fus à mon arrivée
jeté dans un de ces cachots humides et sombres,
où l'on met les condamnés à mort ; tandis que les
scélérats que l'on m'avait donnés pour compagnons
de transfert se promenaient libres dans les cours.

Les fatigues morales m'avaient tellement abattu
que je m'endormis bientôt malgré l'incommodité

de mon cabanon, et je ne fus réveillé que par un froid excessif, vers le milieu de la nuit.

Le bruit de mes premiers mouvemens et peut-être mes plaintes attirèrent l'attention vigilante de la sentinelle placée dans mon étroit corridor. Elle s'avança vers moi, et trompée par la distinction ordinaire de mon cachot, me fit cette horrible demande : « y a-t-il bien long-temps que tu es condamné à mort ?... » Je lui fis connaître mon nom et mes malheurs. Le soldat me crut victime d'une méprise ; mais je n'obtins qu'à grande peine une cellule moins affreuse, et lorsque mon épouse eut fait des démarches auprès du géolier qui, craignant de se compromettre, me fit alors passer dans le préau.

Je fus donc traduit devant la cour d'assises comme accusé d'un vol sur la route de Poissy, et de m'être évadé avec violence des prisons d'Alost.

On a vu par le récit fidèle de mon évasion combien ce dernier chef était fondé. Sur le premier, la sieur de Napel, chevau-léger que j'avais démonté, et l'un des jeunes gens qui m'avaient accompagné à mon départ de Versailles, vinrent rendre hommage à la vérité ; le premier, en déclarant que je lui avais décliné mes noms et qualités ; que je ne m'étais emparé de son cheval et de son équipement militaire que parce que je l'avais considéré comme déserteur ; qu'il croirait manquer à sa conscience, s'il ne déclarait également que je lui avais offert de partager ma bourse avec lui, s'il voulait rejoindre le roi avec moi et mes compagnons de voyage; l'autre, le sieur de la Chapelle, fit la même déposition, en ajoutant que le cheval qu'il avait monté n'ayant pu l'aider à rejoindre les princes, il l'avait vendu et en avait fait remettre le prix à la compagnie des chevau-légers. Ainsi justifié, je fus acquitté le 21 septembre 1816, sur la déclaration *unanime du jury*, et malgré les fausses dépositions du quartier-maître de Fouchier, qui après s'être rendu mon accusateur, eut l'audace de venir déposer, *comme témoin*, de faits étrangers à cette cause.

Que de Fouchier sonde sa mémoire, fouille ses propres souvenirs! qu'il se rappelle cette séance solennelle, où M. le président Moreau lui arracha l'aveu qu'il avait soupé avec moi, le 24 mars 1815, bien qu'il eût constamment nié ce fait, malgré les dépositions du sieur Flamand, son secrétaire, qui le constatèrent. (1).

Ses oreilles retentiront long-temps de ces murmures d'improbation dont il fut l'objet, et que le respect dû à un tribunal ne put contenir.

Dans cette circonstance, j'obtins un triomphe non moins touchant que l'hommage rendu par la justice à mon innocence. L'opinion publique confirma de la manière la moins équivoque la décision du jury; et comme si je n'avais eu que des parens ou

(1) Voyez la preuve N° V.

des amis pour spectateurs de cette scène judiciaire, chacun me témoigna l'intérêt le plus vif : tant la
cause d'un malheureux qu'on veut opprimer est sacrée pour des cœurs français !

6.

CHAPITRE VIII.

Du mensonge toujours le vrai demeure maître,
Pour paraître honnête homme en un mot il faut l'être.

Je me croyais au bout de mes peines ; il n'en était rien encore. Je fus renvoyé devant le tribunal de police correctionnelle, pour être jugé sur le fait de la prétendue spoliation de la caisse des grenadiers royaux. Ma malheureuse épouse, ayant épuisé toutes ses ressources, ne put me fournir les moyens de faire assigner les témoins qui pouvaient me justifier sur ce chef d'accusation : ils étaient en grande partie à Béthune (1). Je fus même réduit à l'impossibilité de me faire assister d'un défenseur. Le sieur de Fouchier et son secrétaire se présentèrent seuls à l'audience et dictèrent en quelque sorte ma condamnation, puisque leurs déclarations furent les seules que le tribunal eût à apprécier. Il fallait au sieur de Fouchier qu'une condamnation pesât sur ma tête pour lui permettre de jouir en paix, ainsi que ses com

(1) Voyez la preuve N.º VI.

plices, du trésor qu'ils s'étaient sans doute partagé.
Que ne firent-ils pas pour parvenir à tromper la religion de mes juges et particulièrement celle de l'a-
vocat du roi, qui au lieu de se borner à soutenir
l'accusation pour laquelle je me trouvais poursuivi,
ne fit rouler son plaidoyer que sur l'espionnage, pour
détourner ainsi le tribunal de l'objet de la cause.
Il termina par ces paroles ; « *Vous avez entendu,*
» *Messieurs, la déposition de M. de Fouchier, l'élève,*
» *le compagnon d'armes des de la Roche-Jacquelin !*
» *Nous pensons qu'elle suffit pour éclairer votre reli-*
» *gion. Je conclus en ce qu'il plaise au tribunal de con-*
» *damner le sieur Thiery à deux années d'emprisonne-*
» *ment* » ....

On remit le prononcé du jugement au lendemain
18 octobre 1816, et je fus condamné à 15 mois
d'emprisonnement !... C'était pour moi tomber de
Charybde en Scylla.... La mort seule sera donc le
terme de mes maux, m'écriais-je, être innocent et
succomber sous le poids de la calomnie !... Il fallut
me résigner à mon triste sort et vivre dans l'espérance d'un meilleur avenir.

Le 18 octobre, peut-être même à l'instant du
prononcé du jugement, M. le chevalier de Jouvencel, l'honorable député de Seine et Oise, m'écrivait la lettre suivante :

Saint-Remy-les-Chevreuses, le 18 octobre 1816.

Monsieur,

« J'ai reçu à la campagne votre lettre du 7 de ce

» mois, je ne me suis pas pressé de vous envoyer
» les certificats que vous désiriez, parce que je ne
» croyais pas que votre affaire fût appelée sitôt au
» tribunal; je regrette de ne pas m'être trouvé à la mai-
» son quand Madame Thiery a pris la peine d'y passer.
   » Je vous envoie les certificats et une lettre pour
» M. B... C'est un excellent juge; j'espère qu'il sai-
» sira bien votre affaire et j'en apprendrai le résul-
» tat satisfaisant pour vous avec le plus vif intérêt.
» Prenez courage et comptez que vos maux sont prêts
» à finir.

J'ai l'honneur d'être, etc.

Signé : Le chevalier DE JOUVENCEL. »

Muni des pièces que m'adressait M. de Jouvencel
et d'autres que je me procurai, j'interjettai appel de
ce jugement. Un avocat éclairé me prêta son ministère à la cour royale; et une foule de preuves irré-
cusables furent produites en ma faveur. Pour la réplique, Dieu me donna la force et le courage de
répondre *moi-même* au ministère public, qui avait pris
le même moyen que celui du tribunal de police correctionnelle. Afin de mieux convaincre la cour que
j'avais été un des principaux agens de Napoléon, M.
l'avocat-général H... terminait ainsi : « Je ne veux
» pas abuser plus long-temps des momens de la
» cour, je la prierai seulement de suivre l'accusé
» dans sa défense; il vous a dit: J'ai été arrêté à
» Alost; j'y suis resté 44 jours dans un affreux ca-

» chot, dont six portes étaient fermées sur moi, et
» la veille de passer devant une commission mili-
» taire, voyant que je ne pouvais dans un pays
» étranger me justifier, je profitai d'un instant favora-
» ble et je parvins à m'évader, etc.

» Eh bien! je le demande à tous ceux qui m'en-
» tendent, peut-on ajouter foi à une pareille inven-
» tion!...,

» Il a été fait une enquête à Alost, où le con-
» cierge, sa femme et sa fille ont été entendus; tous
» trois ont déposé mot à mot ce qu'a inventé l'ac-
» cusé, rien n'est démenti.

» N'est-ce pas bien là le fait, Messieurs : le sieur
» Thiery ayant des agens subalternes dans le Brabant,
» peut-être même près des princes à Alost; ces agens,
» soit qu'ils aient voulu sauver leur chef, soit crain-
» te d'être à leur tour dénoncés par Thiery, allè-
» rent sans nul doute offrir une très-forte somme
» à son gardien. L'argent, vous le savez, Messieurs,
» tente ces sortes de gens, et l'accusé, pour l'y dé-
» terminer, aura assuré à son géolier, qu'en cas
» qu'il fût jamais repris, il dirait ce qu'il lui a plu
» d'inventer, et qu'après quelques heures de sa
» liberté, il pouvait faire ainsi que sa femme, cette
» déclaration; que par ce moyen il se trouverait
» possesseur d'une belle fortune et à l'abri d'être
» puni, etc.

» Je conclus à ce qu'il plaise à la cour de le
condamner à cinq ans d'emprisonnement.»

Un pareil plaidoyer était bien capable d'atterrer un homme qui aurait été coupable, mais lorsque M. le Président m'eut demandé, avec une douceur toute paternelle (1), ce que j'avais à répondre ? La pure vérité, lui répondis-je, en portant la main droite sur mon cœur ; au nom du Tout-puissant, écoutez-moi, et montrant de l'autre main le crucifix placé au-dessus du fauteuil du président, j'ajoutai : C'est Dieu seul qui m'a préservé des coups de mes puissants ennemis ; il leur faudrait un jugement qui me couvrît d'infamie, pour cacher leurs rapines, ou pour mieux dire leurs crimes ; le sieur de Fouchier en a imposé à la justice des hommes, mais ni lui, ni ses complices, tels puissants qu'ils puissent être, ne pourront jamais tromper la justice divine !... Ce n'est pas pour le fait d'espionnage que je comparais aujourd'hui à votre barre ; et cependant le plaidoyer de M. l'avocat-général n'a roulé que sur cet objet. Si le ministère public, par ce moyen, a pu réussir à tromper la religion du tribunal qui m'a condamné à quinze mois de prison, sur la simple dénonciation du sieur de Fouchier, qui après s'être rendu mon dénonciateur, n'a pas craint de donner un scandale en venant affirmer, comme témoin, devant la justice, *sa propre dénonciation*, il n'en sera pas de même de la vôtre. Daignez, Messieurs, lire les pièces que je

(1) Cet honorable président était le respectable M. Chopin d'Arnouville.

vous présente, elles contiennent les preuves de
mon innocence, et comme elles émanent toutes des
personnes les plus recommandables par leurs noms
et leurs fonctions, j'ose espérer que la cour ne
méconnaîtra pas l'innocence d'un homme qu'on vou-
drait rendre victime de perfides calomnies ; mais
qui ne s'est jamais écarté du sentier de l'honneur (1).

Ce ne sont pas des certificats extorqués ou dé-
livrés par complaisance, ce sont des preuves que
mes ennemis ne pourront *jamais détruire*.

Je fis part aussi à la cour des relations que j'eus
à Béthune avec le sieur de Fouchier et son secrétaire, en observant que la preuve se trouvait d'une
manière évidente dans les pièces de la procédure,
par les déclarations additionnelles que ce quartier-
maître avait jugé à propos de faire en France, auprès de M. le rapporteur du conseil de guerre, et
devant M. Nicot, juge d'instruction à Paris, pour
couvrir ses premiers mensonges. Je démontrai que
le sieur de Fouchier avait été obligé de recourir à
une foule d'autres subterfuges, et après avoir expli-
qué l'emploi de mon temps à Béthune, pendant l'a-
près-midi de cette fatale journée, jusqu'à onze heures du soir, avec ces fourbes, je remis encore à
l'huissier l'énorme dossier de toutes les pièces qui

(1) C'était la lettre de M. le chevalier de Jouvencel et le certificat de cet honorable député, conforme à sa déposition faite devant
la cour d'assises ; celles de M. Sorty, payeur-général, et de M. Guille-
mot, receveur de la ville de Versailles, avec autres pièces irrécusa-
bles, qui font partie des attestations légales que je donne pour
preuves.

m'avaient été données avant de comparaître à la cour d'assises, pour les déposer entre les mains de M. le Président.

Je terminai enfin par supplier la cour de lire les déclarations de Fouchier et du secrétaire de ce quartier-maître, qu'alors elle serait éclairée comme l'avait été M. le rapporteur du conseil de guerre, et tous les membres composant le jury des assises de la Seine.

La Cour s'étant retirée dans la chambre du conseil, avec mes pièces justificatives et le dossier de celles réunies au greffe, y resta plus de deux heures. Après ce long et pénible examen, la cour étant rentrée, M. le Président fit lecture de l'arrêt suivant par elle rendu, infirmant le jugement de première instance : je m'empressai de l'écrire avec un crayon sur mon agenda ; il était ainsi conçu :

« Attendu qu'il ne résulte pas la preuve que le
» sieur Thiery ait frauduleusement soustrait une
» partie du trésor des grenadiers royaux, la Cour
» infirme le jugement du tribunal de police correc-
» tionnelle, etc., etc. »

Mon esclavage cessa alors. Je fus rendu à ma famille le 27 novembre 1816, après *vingt mois* d'une cruelle agonie. Je pus presser dans mes bras ma vertueuse épouse et ma Célina, cet ange consolateur qui, à la faveur de son jeune âge (10 ans) pouvait seule dans les cachots parvenir jusqu'à moi, essuyer mes larmes et m'encourager par ses caresses enfantines à faire trève à mes chagrins.

Maintenant une réflexion se présente naturellement à ma pensée, en terminant ce pénible récit. Combien sont terribles et nombreuses les épreuves auxquelles un homme est exposé, quand des méchans l'accusent! que sera-ce, s'il n'a comme moi que son innocence pour le protéger, tandis que ses persécuteurs auront des titres et du pouvoir?

Hélas! combien de fois les juges devraient examiner, avec la plus scrupuleuse exactitude, l'affaire qui est soumise à leur jugement, avant de se prononcer. S'ils daignent lire mes Mémoires, je ne doute pas qu'ils n'apprécient mieux combien est grande leur responsabilité devant Dieu, qui un jour nous jugera tous.

CHAPITRE IX.

Le lendemain de ma mise en liberté, je ne prévoyais pas que mes ennemis seraient capables de
former contre moi un nouveau complot: je me trompais encore. Ayant appris que malgré leurs démarches, la Cour royale de Paris avait reconnu qu'il
n'y avait point de preuves qui pussent faire connaître
que j'avais soustrait une partie du trésor des grenadiers à cheval de la garde royale ; ils eurent re-
cours au préfet de police, trompèrent sa religion
sur mon compte, afin d'obtenir de me faire arrêter de rechef ; ce qui n'était pas difficile à ces
Messieurs , en ce temps du régime du bon plaisir ! ...

Mon premier soin fut de me rendre le même
jour, dans les bureaux de la préfecture de police ,
accompagné de ma fille , âgée de dix ans, pour
y réclamer les papiers et objets saisis sur moi au

moment de mon arrestation. J'y reconnus l'individu qui accompagnait l'infâme Dartois, lorsqu'il vint m'arrêter pour la troisième fois chez le sieur Tournier : je remarquai qu'il me montrait à plusieurs hommes et j'entendis qu'il leur disait en langage d'argot, de ne point me perdre de vue. Je le vis aussitôt entrer dans le cabinet du chef de division Henry ; je ne jugeai plus à propos d'attendre qu'il fût fait droit à ma demande ; je soupçonnai ce que j'avais à gagner à son retour : j'agis de ruse ; et pour donner le change aux individus qui m'entouraient, en attendant l'autorisation de m'arrêter, je donnai mon chapeau à garder à ma Célina, en lui disant : Mon enfant, je dois sortir un instant satisfaire à un pressant besoin : je rentrerai dans une minute. Je sortis en effet dans la cour, faisant semblant de m'approcher des urinoirs et je m'esquivai lestement, laissant les affidés de mes ennemis près de ma fille et de mon chapeau. Je gagnai au plus vite les quais populeux et delà j'arrivai rue Saint-Antoine, où ma femme m'attendait (1). Après lui avoir fait part de la rencontre que je venais de faire, et du nouveau dessein de mes persécuteurs,

(1) Mon enfant ne me voyant point revenir, quoique jeune soupçonna mon évasion ; interrogée par les agens de police pour savoir où je pouvais être, elle leur répondit laconiquement qu'elle n'en savait rien, resta encore quelque temps à m'attendre, afin de me donner le temps ou de revenir ou de m'éloigner et les quitta pour se rendre chez M. le baron Toussaint qui demeurait au quai aux Fleurs, où ma femme vint à sa recherche, soupçonnant qu'elle ne pouvait être que chez quelques personnes de connaissance et la trouva.

je me saisis des papiers qui pouvaient me servir à mettre leur conduite au grand jour : mon épouse infortunée me remit ce qui lui restait d'argent, la modique somme de dix francs, et muni des journaux qui rendaient compte de ma mise en liberté, je l'embrassai les larmes aux yeux, en lui confiant mon dessein d'aller me réfugier de nouveau chez son parent, M. Poisson-Dominé, à Couvrot (Marne). Je la quittai le cœur navré de douleur; je marchai toute la nuit du 28 au 29 novembre. En arrivant à onze heures du matin à Épernay, je fus arrêté par la gendarmerie de cette ville ; pour me tirer de ses mains, je présentai les journaux dont je viens de parler; je fis voir au brigadier l'article qui me concernait, en lui disant que j'allais rejoindre ma famille à Couvrot, près Vitry-le-François. Après les avoir examiné, il me relâcha et j'arrivai à Couvrot dans la nuit du même jour, mais tellement accablé de fatigue, que mes excellens parens furent obligés de me déshabiller et de me mettre au lit, où je restai seize jours sans avoir la force de remuer : je fus comme paralysé, sans pouvoir me servir de mes mains pour m'aider à manger.

Mon épouse ne recevant pas de mes nouvelles, revint bientôt avec son enfant chez son père M. Geoffroi, receveur de l'enregistrement à Revigny (Meuse). Mon bon cousin, ce type de la loyauté champenoise, alla les y chercher. Les deux familles réunies me prodiguèrent leurs soins; je me rétablis

peu-à-peu, et c'est ainsi que j'échappai à de nouvelles persécutions.

Au bout de six semaines me trouvant beaucoup
mieux, nous partîmes pour Revigny, je descendis
chez mon beau-père où je demeurai près d'un mois.
Cet homme était âgé et fonctionnaire public depuis
quarante ans; nous jugeâmes convenable de lui cacher nos inquiétudes et notre position. N'osant y
consulter personne, las d'une pareille existence, je
me décidai à me rendre à Verdun, afin d'y prendre
conseil sur la conduite que j'avais à tenir. L'avis
dominant, qui me parut aussi le meilleur, fut que
je devais retourner à Paris, non seulement pour y exposer aux ministres la conduite que j'avais tenue,
mais pour y poursuivre près des tribunaux mes faux
accusateurs.

Muni d'une somme de 800 francs, produit d'une
collecte faite parmi les membres de ma famille et
de celle de mon épouse, je repris avec elle et ma
fille la route de Paris.

Arrivés, nous ne fîmes que coucher dans la capitale : le lendemain nous partîmes pour Versailles,
où nous eûmes la douce satisfaction d'être reçus
partout à bras ouverts. C'était à qui nous tendrait
une main secourable. Après avoir réuni toutes les
pièces qui m'étaient nécessaires pour prouver ma
conduite pendant ma gestion, et ce que je fis avant
mon départ de Versailles, je repartis pour Paris,
accompagné de ma famille et muni de lettres de

récommandation pour plusieurs magistrats de cette ville, bien décidé à présenter un placet au ministre de la maison du roi.

Quelques jours après la remise de ce placet, celui que le sieur de Fouchier avait dénoncé comme voleur de la caisse de son corps, et qui plus est, comme *un agent secret de Bonaparte*, porteur de papiers qui lui donnaient les plus amples pouvoirs et revêtus des signatures du duc de Rovigo et du baron Delaître; enfin celui qui d'après la déposition du quartier-maître, aurait injurié le roi et la famille royale sur la place de la ville de Béthune, reçut des mains du ministre de S. M. non seulement une ordonnance d'une somme *de mille francs*, mais encore le certificat suivant émané de ses bureaux :

MINISTÈRE DE LA MAISON DU ROI.

Je soussigné chef de la dixième division au ministère de la maison du roi, certifie que M. Jean-Pierre Thiery, ancien adjudant du château de Versailles, ayant cessé ses fonctions à la rentrée de Bonaparte, pour suivre le roi à Gand, et ayant été *faussement accusé et poursuivi*, a été absous à Paris de toute accusation et condamnation: que ledit Thiery ayant ensuite réclamé auprès du ministre de la maison du roi le paiement de son traitement des vingt premiers jours de mars 1815 et des cent jours du gouver-

nement de Bonaparte, lequel s'élevait à une somme
de mille francs, M. le Directeur-général du ministère, d'après les renseignemens avantageux qui lui
ont été donnés sur le compte de M. Thiery, a décidé que cette somme lui serait payée, et a en
conséquence délivré l'ordonnance nécessaire au paiement de la somme de mille francs, au profit dudit
sieur Thiery.

En foi de quoi j'ai délivré le présent pour lui
valoir et servir ce que de besoin.

Signé DE COMBES. •

Ce n'était donc pas comme agent de Napoléon que
j'avais abandonné ma famille, mais comme fidèle serviteur de Louis XVIII.., et cependant ce cri d'agent
secret proféré par la bouche de mes accusateurs, a
failli devenir deux fois le signal de ma mort!...

Je n'avais pas commis un vol, mais bien un acte
de dévouement envers le roi et ma patrie, lorsque
je me fis remettre, pour le restituer à son corps, le
cheval et l'équipement d'un militaire que j'avais jugé
déserteur, et qui m'assurait vouloir se rendre en Vendée pour en insurger les habitants.

L'accusation d'avoir fait piller et distribuer des parties
du trésor des grenadiers royaux et volé le reste, n'é-
tait plus soutenable d'après les preuves multipliées que
j'en ai données aux tribunaux qui ordonnèrent ma mise
en liberté ; les ministres du roi en m'accordant de nouveaux bienfaits, ont à leur tour proclamé la fausseté

des calomnies absurdes de mes dénonciateurs ; cependant sous le poids de ces dénonciations, j'ai langui vingt mois dans les cachots, j'ai été traîné de tribunaux en tribunaux et j'ai subi des condamnations infamantes.

Le temps était venu où chacun devait reprendre le rôle qui lui convenait, et où celui qu'on n'avait cessé d'accuser avec tant d'audace allait devenir à son tour accusateur.

Un magistrat honorable de la capitale m'ayant recommandé à Mᵉ Coffinières, avocat près la Cour royale de Paris, j'allai le trouver. Après avoir écouté les détails de mes longues angoisses, ce célèbre jurisconsulte me conseilla de me rendre à Béthune, afin de m'y procurer les preuves des faits que je lui déclarais, et qu'alors il se chargerait de ma cause.

Je partis sans délai pour cette ville : aussitôt mon arrivée, je m'empressai de reconnaître le lieu où j'avais sauté, et l'église où je m'étais caché. Je pris des informations et je parvins alors à connaître les noms des personnes qui pouvaient rendre justice à la vérité ; j'allai les trouver, je me fis reconnaître d'eux et je les priai de me rendre témoignage de leur affirmation relative à ce qui me concernait ; ils daignèrent m'accompagner à la mairie de Béthune où M. le Maire de cette ville voulut bien recevoir leurs dépositions. Le secrétaire de la mairie écrivit les déclarations de six des principaux habitants de cette ville, dont M. le Maire légalisa en leur présence les signatures en m'observant qu'avant d'apposer le cachet, il désirait que le tout fût enregistré ; je me conformai à cette exigence, et toutes ces formalités remplies, je remontai dans la diligence de Paris, où j'étais impatient de retourner pour annoncer à mon épouse, à mon avocat et à tous les gens de bien qui s'intéressaient à nous, l'heureuse issue de mon voyage.

C'était ma cause toute seule, et non celle de la société que j'allais défendre, et je me bornai à invoquer l'application de ce principe consacré par l'équité, comme par le droit civil, *que chacun est obligé de réparer le dommage qu'il cause à autrui.*

Afin d'être à même de poursuivre le sieur de Fouchier et son complice Dartois, j'établissais :

1° Que c'était sur leurs plaintes, dénonciations et déclarations que j'avais été poursuivi devant les tribunaux militaires et civils, depuis le mois de mars 1815, jusqu'au mois de novembre 1816 ;

2° Que toutes ces plaintes, dénonciations et déclarations étaient contradictoires, fausses ou calomnieuses.

Il était de toute nécessité de remettre à mon avocat les extraits de jugements qui m'acquittaient. Je me rendis au greffe de la Cour royale pour les retirer. Après avoir payé au greffier ce qu'il me demandait, je fis la lecture de celui de la chambre d'appel de police correctionnelle, et je remarquai avec surprise qu'il était changé et dénaturé. J'en frisonnai, lorsque je réfléchis à mes maux passés ; j'eus peine à con-

7.

centrer une juste colère et à dissimuler une légitime indignation.

J'allais rendre au greffier cet extrait, mais la crainte de me susciter de nouveaux ennemis m'arrêta : je jugeai qu'il pouvait être utile à mes persécuteurs pour me faire emprisonner de nouveau par la police ; et qu'ainsi rédigé il pourrait leur servir d'appui pour faire rejetter l'action que j'intentais contre eux. Je me calmai et me retirai le cœur navré de douleur.

Rentré chez moi, je tirai de mes papiers le prononcé de mon jugement que j'avais écrit au crayon, au moment où M. Chopin d'Arnouville en avait fait la lecture. Après l'avoir confronté avec l'extrait que venait de me délivrer le greffier, je remarquai au considérant : attendu qu'il ne résulte pas la preuve que Thiery, etc. que le mot *suffisante* avait été ajouté après le mot *preuve* : ce qui dénaturait l'arrêt et laissait planer sur ma tête de graves soupçons ; je dissimulai mon inquiétude à mon épouse, et je dévorai dans le silence, le chagrin de me voir exposé chaque jour à de nouvelles persécutions.

Sans perdre de temps, je pris une plume et du papier, afin de transcrire à l'encre ce qui n'était écrit qu'au crayon ; je réfléchis à ce que j'avais à faire, et dès le lendemain, muni des papiers qui m'étaient nécessaires, je me rendis à l'hôtel de M. le président Chopin d'Arnouville. Cet intègre magistrat avait écrit lui-même l'arrêt de ma mise en liberté, avant d'en

faire la lecture devant moi, en présence du nombreux
auditoire qui avait entendu ma défense.

Arrivé à son hôtel, je me fis annoncer et j'eus
l'honneur d'être reçu immédiatement. M. le Président
m'ayant fait demander le motif de ma visite, je lui
répondis que probablement il ne remettait pas le
malheureux Thiery. « Ah! répondit-il aussitôt, c'est
» vous ! en effet vous fûtes bien malheureux, et
» souvent nous avons parlé de vous avec M. Moreau
» qui présida les assises où vous fûtes traduit; je
» suis satisfait que justice vous ait été rendue et que
» vous soyez réintégré dans votre ancien emploi. »

Je m'empressai de lui répondre que je n'avais
pas encore ce bonheur; mais que j'avais lieu de
l'espérer. Je lui communiquai le certificat émané
du ministère de la maison du roi, que j'ai fait
connaître au lecteur; il daigna le lire et en me le
remettant, il ajouta : « C'est très-bien ! Vous voyez
» que Dieu n'abandonne pas l'honnête homme, ainsi
» prenez courage ! »

Après cet entretien, je lui montrai non pas l'extrait que le greffier de la Cour royale m'avait délivré, mais le prononcé du jugement rendu, en le
priant de vouloir bien me faire le plaisir de me dire
si c'était bien le contenu exact de l'arrêt de ma mise
en liberté; et dès qu'il m'eut assuré que je n'avais
rien omis, ni ajouté, je me précipitai à ses pieds,
en le suppliant de ne pas abandonner un père de
famille que l'on avait essayé déjà une fois de re-

mettre dans les fers par de nouvelles machinations, etc., etc. Aussitôt il me présenta la main pour m'aider à me relever, et je lui fis remarquer ce que le greffier avait ajouté sur la minute.

Cet intègre président examina très-attentivement l'extrait que m'avait délivré le greffier, et s'écria : « Il faut avouer que la fatalité vous poursuit ! Venez » avec moi au palais, ajouta-t-il. » Je l'y suivis. Y étant arrivé, ce magistrat m'invita à l'attendre dans le premier bureau, et de suite passa dans un autre, en retirant la porte sur lui.

Quelques instants après, il revint me trouver et me dit d'être sans inquiétudes, qu'il ferait réparer cette erreur (1). Hélas ! pensais-je, encore une erreur !...

Au bout de huit jours, l'on me remit au greffe un nouvel extrait, sans rature, ni surcharge ; mais j'eus lieu de remarquer que sur la minute, le mot *suffisante* dont j'ai déjà parlé, était rayé par ordre de la Cour : il fallut, pour le faire, assembler tous les conseillers qui se trouvaient alors divisés dans plusieurs chambres.

Le lecteur lira, j'espère, avec plaisir, les con-clusions de M. Mars, avocat du roi, qui s'est fait un devoir de faire ressortir l'importance de cet épisode.

Mon avocat, M.ᵉ Coffinières, convaincu qu'aucune

(1) Voyez les conclusions du ministère public, audience du 17 janvier 1818.

cause ne pouvait être mieux fondée, ni plus juste
que la mienne, en conféra avec M. Mars, substitut
de M. le procureur du roi.

M. Chrétien de Polly, président de la chambre
de police correctionnelle qui m'avait condamné à
quinze mois de prison, n'avait ainsi que les autres
juges, aucune pièce qui put éclairer leur religion
sur mon innocence, aussi fut-il aisé à mes ennemis
de les tromper; mais il n'en était plus de même.
Depuis ma sortie de prison, j'avais eu le temps de
me procurer tous les documents nécessaires; j'avais
en outre l'appui de l'un des plus célèbres avocats
du barreau de la capitale, qui possédait toutes les
preuves constatant les moyens perfides que mes faux
accusateurs avaient employés pour me perdre.

Loin d'être affligé que ce fut encore M. Chrétien
de Polly qui vint à se trouver président de la
chambre qui devait juger l'action que j'intentais au
sieur de Fouchier et à son témoin, j'en éprouvai
une si vive satisfaction que je ne puis l'exprimer.

Accompagné de ma femme et de ma fille, je me
rendis chez ce respectable magistrat : il daigna nous
recevoir avec les égards dûs au malheur. Je lui présentai mon mémoire en le suppliant d'en prendre lecture et de daigner rendre justice à des infortunes si
peu méritées ! « Comment, me répondit-il, avec cet
» accent de bonté qui pénètre le cœur, vous ne
» seriez pas fâché que je fusse l'un de vos juges? »
Je m'empressai de l'assurer qu'au contraire j'en étais

très-satisfait, parce qu'il pourrait être mieux que tout autre convaincu que j'avais failli être la victime de fausses accusations. « Tenez , ajouta-t-il , reprenez » votre mémoire, j'en ai déjà un exemplaire que j'ai » lu. Je ne puis, ni ne dois de nouveau connaître de votre affaire; mais soyez tranquille, vous avez pour » me remplacer comme président , M. Bavoux, ma- » gistrat aussi intègre qu'éclairé; allez le voir !...

Nous suivîmes ce sage conseil : arrivé chez ce magistrat, ancien député , si généralement connu pour être l'un des zélés défenseurs de nos libertés et le soutien de nos lois , je lui remis l'un de mes mémoires, nous nous recommandâmes à sa justice et nous nous retirâmes avec l'assurance qu'il nous donna que nous pouvions compter sur celle du tribunal.

Le jour qui devait dévoiler les fourberies et les odieuses trames de mes accusateurs, arriva enfin : fort de mon innocence et comptant sur les talens de l'avocat distingué qui avait bien voulu se charger de ma cause, j'en attendis l'issue avec une entière confiance.

Par son éloquente plaidoirie, Mᵉ Coffinières, l'une des gloires du barreau de la capitale, démontra et prouva que ce n'était pas en agissant de bonne foi, ni par le fait d'une erreur, que mes délateurs avaient agi contre moi; que c'était sciemment et avec l'intention de me perdre; il conclut à ce qu'il plaise au tribunal de les condamner à 60,000 francs de dommages et intérêts envers moi.

Pour la réplique, M. Mars, premier substitut de

M. le procureur du roi, se leva et prit aussitôt la parole pour donner ses conclusions. Ce vertueux et zélé magistrat avait pensé que mon action devait être écartée par un moyen de droit; mais s'élevant à la hauteur de son beau ministère, il crut qu'on ne pouvait refuser à un malheureux, victime de fausses accusations, la réparation morale de l'atteinte portée à son honneur par une longue suite de procédures criminelles : après avoir puisé dans les pièces réunies au greffe de la cour la conviction intime de mon innocence, il se fit un devoir de la proclamer lui-même. Honneur au magistrat, dont la voix éloquente se fait entendre en faveur de l'opprimé!... Ses accens retentiront jusqu'à vous, lecteurs, et je n'ai plus rien à désirer pour ma justification, quand je puis mettre sous vos yeux une partie du plaidoyer d'un magistrat qui s'est en quelque sorte constitué mon défenseur, en portant la parole au nom du roi et de la société (1).

Le tribunal présidé par le célèbre M. Bavoux, après avoir entendu tous les plaidoyers qui occupèrent quatre audiences, rendit, le 17 janvier 1818, le jugement suivant :

« Attendu que l'art. 3 du code d'instruction criminelle accorde, mais n'oblige pas de poursuivre l'action civile devant les mêmes juges chargés de l'action publique; attendu que l'art. 359 du même code est applicable seulement aux cours d'assises;

______

(1) Je me félicite de pouvoir ajouter à la fin de mes mémoires ce précieux document.

« Attendu que si du fait seul que les dénonciations
» et plaintes ont été rejettées, il n'en résulte pas né-
» cessairement que le dénonciateur plaignant soit un
» calomniateur passible de dommages-intérêts, du
» moins reste-t-il sous l'empire des art. 1382 et
» 1383 du code civil ;

« Attendu que c'est par l'effet des plaintes et dé-
» nonciations du sieur de Fouchier, que le sieur
» Thiery a été arrêté et détenu plusieurs fois ; que
» le sieur de Fouchier a lui-même commandé l'ar-
» restation du sieur Thiery à Béthune ; — Attendu
qu'indépendamment de ce fait, *il est impossible de
ne pas voir* que le sieur de Fouchier a agi avec un
zèle indiscret et téméraire ; »

« Attendu que le sieur Dartois n'est pas poursuivi
en faux témoignage et qu'il n'a jamais figuré que
comme témoin... le tribunal rejette la fin de non
recevoir opposée au sieur Thiery contre son action,
le déclare néanmoins non recevable par le motif ci-
dessus dans sa demande contre Dartois... condamne
le sieur de Fouchier à six mille francs de dommages-
intérêts »

Le sieur de Fouchier devait se féliciter de la modération d'une telle condamnation, et des ménage-
mens avec lesquels elle avait été prononcée ; prin-
cipalement encore savoir gré à M. l'avocat du roi
d'avoir pris des conclusions ménageant et sauvant
son honneur.

CHAPITRE X.

Selon que vous serez puissant ou misérable,
Les jugemens de cour vous rendront blanc ou noir.

LA FONTAINE.

LE prudent M.ᶜ Coffinières, mon avocat, homme aussi désintéressé que distingué, m'apprit bientôt que MM. le procureur du roi et Mars, son substitut, étaient dans l'intention de m'être utiles, mais que dans mon intérêt il fallait *me taire*; qu'il venait d'avoir un entretien avec M. Mars; que ce magistrat était dans l'intention de se rendre près du colonel de la Roche-Jacquelin, dans l'espérance de terminer avec lui cette affaire à mon avantage.

Le lendemain, M. Mars m'apprit la mauvaise réception que lui avait faite M. de la Roche-Jacquelin (1); qu'il n'y avait rien de bon à espérer d'un tel homme dont le cœur était froid et l'âme sèche!... J'ai appris que votre intention était de présenter une supplique au roi, vous ferez bien : voilà mes con-

(1) Le lecteur saura que Madame Mars était filleule de Madame de la Roche-Jacquelin.

clusions, vous pouvez les faire imprimer à la suite de vos mémoires, et quand tout le sera, je vous donnerai connaissance de la lettre que je me propose d'écrire à M. le comte de Pradel, etc. Je la reçus quelque temps après et je la transcris ici persuadé que le lecteur qui me porte intérêt, la lira avec plaisir.

PARQUET

Du tribunal de première instance et police judiciaire du département de la Seine.

Le substitut de M. le procureur du roi à Monsieur le comte de Pradel, directeur-général du ministère de la maison du roi, en tenant le porte-feuille.

Monsieur le comte,

Le sieur Thiery a été exposé à des poursuites criminelles qui ont pendant près de deux ans compromis son honneur et sa liberté. Son innocence ayant enfin été reconnue, il a intenté au sieur de Fouchier, plaignant, une action en dommages et intérêts, fondée sur ce qu'il aurait été le moteur de ces poursuites.

Chargé comme avocat du roi, de donner mes conclusions dans cette cause, j'avais pensé que l'action du sieur Thiery n'était pas recevable ; mais en même temps, après m'être convaincu par un examen approfondi de l'affaire, que Thiery était en effet pleinement innocent des accusations dont il avait été long-temps victime ; j'ai cru qu'il était de mon devoir, de prouver et de proclamer cette innocence, pour achever de le réhabiliter dans l'opinion publique.

Le tribunal a été plus loin que moi, il a condamné le sieur de Fouchier à 6,000 francs de dommages et intérêts envers le sieur Thiery.

Il ne m'appartient pas, M. le comte, de me mêler de la suite de ce procès en cas d'appel : mais ce que mon devoir ne m'empêche pas, et qu'il me prescrit même de faire, puisque je suis intimement convaincu de l'innocence de Thiery, c'est de l'aider autant qu'il dépendra de moi, à reconquérir la confiance de ses anciens chefs et particulièrement la vôtre, et à obtenir de la bonté paternelle du roi, une indemnité de la perte d'une place qu'il n'avait momentanément quittée, que pour se dévouer au service de S. M.

J'ose donc vous attester, Monsieur le Comte, que jamais victime de l'erreur et de la fatalité n'est plus digne d'intéresser votre justice et votre humanité.

Le sieur Thiery vient de faire imprimer à la suite d'un mémoire adressé à Sa Majesté, et qu'il se propose de vous remettre, un extrait de mes conclusions. Cet extrait morcelé n'en est qu'une bien faible partie ; car elles ont donné lieu à une discussion de près de trois heures.

Peut-être cet extrait et ma simple attestation sont-ils insuffisans pour éclairer votre religion sur le compte de l'infortuné Thiery ; si cela était, je vous supplierais, Monsieur le Comte, de vouloir bien m'honorer d'un entretien particulier, où j'essaierais de dissiper vos doutes et de porter le flambeau de la conviction dans votre esprit.

Dans la partie de mes conclusions qui a été imprimée, vous verrez, Monsieur le Comte, que j'ai interpellé la générosité de M. de la Roche-Jacquelin en faveur du sieur Thiery. Si vous en êtes surpris, votre étonnement cessera lorsque vous saurez que M. de la Roche-Jacquelin a lui-même pris un grand intérêt à l'affaire *et visité tous les magistrats que en ont connu*, à cause du sieur de Fouchier qui sert sous ses ordres comme quartier-maître du régiment qu'il commande.

J'ai fait plus, depuis le jugement du procès, j'ai hasardé une démarche personnelle auprès de M. de la Roche-Jacquelin, espérant que s'il voulait s'intéresser à Thiery et l'appuyer de sa protection pour l'obtention d'une place, cela pourrait peut-être amener une transaction favorable au sieur de Fouchier. Cette démarche n'était pas indiscrète ; car elle était justifiée par l'intérêt qu'avait pris à la cause M. de la Roche-Jacquelin, et par une circonstance fortuite étrangère au procès, et qui m'est purement personnelle (1) ; elle était honorable pour M. de la Roche-Jacquelin, et pour moi : enfin ma visite ne pouvait rien avoir de désagréable pour lui, puisque mes con-

______

(1) Madame de la Roche-Jacquelin ayant appris que le mari de Madame Mars, sa filleule, était chargé de cette affaire, s'empressa d'aller recommander le sieur de Fouchier, son protégé, à M. Mars. L'intègre substitut ne connut que son devoir. Ce fut à cette occasion que Madame de la Roche-Jacquelin vit sa filleule chez elle pour la première fois, depuis la rentrée du roi ; je tiens cette particularité de la bouche même de Madame Mars.

clusions avaient tendu à faire rejetter l'action de Thiery.

Mais je le dis avec douleur, Monsieur le Comte, j'ai trouvé M. de la Roche-Jacquelin tellement inflexible dans sa prévention qu'il n'a pas même voulu m'accorder un entretien, où j'aurais pu le faire revenir de son erreur. Loin de moi de jetter un vernis défavorable sur l'inflexibilité de M. de la Roche-Jacquelin; elle n'est qu'un effet de la faiblesse humaine. Peut-être aussi *a-t-il été affligé du peu d'effet des démarches par lui faites* auprès des magistrats en faveur du sieur de Fouchier, auquel il prend le plus vif intérêt.

Pour vous, Monsieur le Comte, qui êtes dégagé de tout intérêt dans cette affaire, qui ne cherchez que la vérité, qui ne voulez que la justice, et qui surtout tenez en quelque sorte dans vos mains la destinée du sieur Thiery, puisqu'à raison de vos fonctions, il vous appartient plus qu'à tout autre, de faire valoir ses droits auprès de Sa Majesté, je ne doute pas que vous ne serez point insensible à la voix d'un magistrat qui plaide auprès de vous la cause de l'innocence; que si votre religion n'est pas suffisamment éclairée, vous ne me refuserez pas la grâce de vous donner tous les renseignemens dont vous aurez besoin, et que vous rendrez un éclatant témoignage à cette maxime de morale qu'on doit trouver plus de facilité à faire triompher l'innocence, qu'à faire punir un coupable.

J'ai l'honneur d'être, etc.

Signé MARS,
Avocat du Roi.

Quelques jours après la remise de la lettre ci-relatée, j'en reçus une de M. le Comte de Pradel, par laquelle il m'informait que Sa Majesté Louis XVIII m'accordait provisoirement un secours mensuel de 80 francs, etc.

Les gens de bien qui m'avaient sauvé la vie à Béthune, daignèrent m'adresser des lettres de félicitation sur l'issue de mon procès. Il me suffit d'en mettre une sous les yeux de mes lecteurs, pour les convaincre de la vérité et leur prouver combien la cause d'un innocent est sacrée pour des cœurs français.

Béthune, le 21 février 1818.

A M. Thiery, ancien adjudant, etc.

Monsieur,

Veuillez recevoir mes sincères félicitations sur le succès de votre cause; il est d'autant plus brillant qu'il ne laisse rien à désirer à l'homme le plus soupçonneux. Quant à moi, Monsieur, qu'un heureux hasard a placé près de vous dans le moment le plus dangereux, je me félicite d'avoir fait mon devoir en vous protégeant contre des effrénés qui avaient oublié qu'étant sous la garde militaire, vous étiez déjà sous la sauve-garde de la loi.

Soyez heureux, veuillez m'accorder quelques souvenirs, et si quelqu'un des miens allait dans le lieu où vous replacera sans doute la juste bienveillance du monarque qui nous gouverne, je le chargerai de vous porter les miens.

J'ai l'honneur d'être, etc.

Signé MANIER,
avocat.

Le sieur de Fouchier, espérant être plus heureux, ne craignit pas d'appeler du jugement qui le condamnait à 6,000 francs de dommages-intérêts envers moi. Le sieur de la Roche-Jacquelin le Balafré avait juré à M. Mars qu'il ferait casser ce jugement. Il se concerta avec sa belle-sœur et tous deux se mirent en mesure : prières, promesses, menaces peut-être, rien ne fut négligé sans doute ; tous moyens leur furent bons. Qu'on juge de ceux qu'ils durent employer, quand on saura que ce fut aux sollicitations de cette femme, que le roi accorda la remise d'une somme de *huit mille francs*, que le quartier-maître de Fouchier avait déclaré avoir donnée à feu son mari, avant sa mort, en présence de son beau-frère, M. de la Roche-Jacquelin, colonel du sieur de Fouchier. Cette déclaration fut bien tardive ; car il n'en fut jamais question en pays étranger, mais seulement en France, quand il devait justifier des fonds que j'avais prouvé qu'il avait convertis en or et en billets de commerce dans la journée du 25 mars 1815, à Béthune. Cette nouvelle invention, que ne pouvait démentir un mort, prouve évidemment jusqu'à quel point M. de la Roche-Jacquelin le Balafré voulut servir son quartier-maître. Que de nouvelles démarches, de notes fausses communiquées, de renseignemens inexacts, ne fallut-il pas employer pour parvenir à tromper la religion d'une cour aussi éclairée que celle de Paris?

Oh! si jamais le présent ouvrage passe sous les yeux de son premier président, je ne doute pas, lecteurs, que ce digne héritier des vertus et de la fermeté des Séguier, ses ancêtres, ne reconnaisse comme MM. Chopin d'Arnouville, Jacquinot de Pampelume, Moreau et Mars, combien la justice humaine est souvent exposée et sujette à l'erreur!

Je quitte ces digressions pour reprendre la suite de mon récit. La famille des la Roche-Jacquelin n'ayant point réussi à tromper la religion de mes premiers juges au tribunal de première instance, ni influencer son président, M. Bavoux, jeta les yeux sur un autre président qui pouvait mieux la servir. Vous ignorez peut-être, ce qu'il fit, mais vous ne pouvez ignorer ce qu'il était capable de faire. Toute l'Europe en fut instruite par la voie des journaux; et ce que je puis assurer, c'est que mes ennemis ou plutôt mes bourreaux, ne pouvaient guère mieux s'adresser qu'au président Amy!.. Je n'oublierai jamais

« tous les maux qu'il m'a occasionnés, je me tais ; il me répugne de remuer les cendres d'un tombeau, qu'elles reposent en paix !...

Cependant une réflexion se présente à mon esprit. Combien sera grande la différence, qu'un jour nos neveux remarqueront dans l'histoire, entre la conduite privée et politique des présidents Chopin d'Arnouville, Moreau et Bavoux, comparée avec celle du président Amy !...

Le jour de l'audience, le sieur de Fouchier ne présenta point à la cour des moyens plus valables que ceux auxquels les premiers juges n'avaient pas cru devoir s'arrêter ; mais en revanche un brillant cortège d'officiers du régiment du sieur de la Roche-Jacquelin l'accompagnait à l'audience : on eut dit qu'il s'agissait d'obtenir, à la pointe de l'épée, une décision qui devait coûter à la conscience des juges. C'était le 13 juillet 1818, et la Cour rendit, malgré les énergiques plaidoiries de l'avocat distingué qui me prêta son ministère, un arrêt ainsi conçu :

« Considérant qu'il résulte de la réunion des articles 358, 359, 191 et 192 du code d'instruction criminelle, qu'en matière criminelle et correctionnelle, l'accusé ou le prévenu acquitté, qui connait son dénonciateur, doit sous peine de déchéance, former sa demande en dommages-intérêts devant les juges du crime ou délit, et que les articles 1382 et 1383 du code civil ne sont pas applicables à ces matières ; qu'en fait, Thiery, pendant les débats, n'a pu ignorer quels étaient ses dénonciateurs, à raison des faits qui se sont passés à Béthune : »

« Considérant au fond que l'existence des faits matériels qui ont donné lieu à la dénonciation exclut toute présomption de calomnie de la part des sieurs Fouchier et Dartois; a mis et met l'appellation, et ce dont est appel, au néant; émendant quant à ce, décharge de la condamnation en principal, et sans qu'il soit besoin de statuer sur la fin de non recevoir, déboute Thiery de sa demande. »

La rédaction de cet arrêt marque assez les efforts qu'on a faits pour le soustraire à la censure de la cour suprême.

Ainsi après avoir accueilli de la manière la plus positive la fin de non recevoir qui m'était opposée, et développé les motifs qui, dans la pensée de la Cour, devaient en assurer le succès, elle ajoute qu'il n'est pas besoin de statuer sur la fin de non recevoir, comme si les tribunaux étaient institués pour établir des thèses de droit, étrangères aux causes qui leur sont soumises; et pourquoi cette sorte de rétractation d'une doctrine présentée avec tant d'assurance ? parce qu'il s'agit d'un point de droit dont la décision peut se lier à la violation de la loi et faire prononcer en conséquence la cassation de l'arrêt.

N'est-il pas calomniateur, celui qui a déclaré que je lui avais pris de force les clés de son fourgon et de la malle contenant le trésor des grenadiers royaux?

N'est-il pas calomniateur, celui qui, après avoir converti en or et en papiers ce trésor, a déclaré que j'en avais distribué une partie à la populace de la ville de Béthune, fait piller une autre, et volé le reste ?

N'est-il pas colomniateur, celui qui a déclaré que je lui avais fait voir des papiers qui lui donnaient les pouvoirs les plus amples de la police de Bonaparte ; que ces papiers étaient revêtus des signatures du duc de Rovigo et du baron Delaître ?

N'est-il pas calomniateur, celui qui, après *plus de quinze mois, et dans le moment où il se trouvait forcé de rendre ses comptes,* a déclaré que j'avais déchiré les papiers concernant sa comptabilité ?...

N'est-il pas faux témoin, celui qui affirme devant la justice, que dès le mois de mai 1814 il m'avait dénoncé à M. le baron Toussaint comme trompant le Roi et les princes. (1) ?

N'est-il pas faux témoin, celui qui affirme m'avoir conduit dans la prison de la ville de Béthune par les ordres du général de la Grange, avec cette observation que ce général lui avait dit qu'il me connaissait mieux qu'eux ? (2)

N'est-il pas faux témoin, celui qui a affirmé à Alost que j'avais été relâché de ma prison de Béthune,

---

(1) M. le baron Toussaint a non seulement déclaré, que Dartois en avait imposé à la justice ; mais voyant que j'étais la victime de manœuvres infâmes, il me tendit, ainsi qu'à mon épouse, un main secourable !...

(2) Le général la Grange a déclaré ne m'avoir jamais ni vu, ni connu, et n'avoir jamais entendu parler de moi !...

par les ordres du même marquis de la Grange, en ajoutant : *pour me faire fusiller plus vite*, que ce général m'avait accompagné chez le maître de poste aux chevaux de cette ville, afin de le requérir à me fournir une voiture attelée de deux chevaux pour retourner à Paris porter des dépêches à Bonaparte ? etc, etc. (1).

Voilà cependant une faible analyse des dépositions faites devant la justice par le quartier-maître de Fouchier et le sieur Dartois, après avoir juré de dire la vérité ! rien que la vérité !

Cependant je m'étais pleinement justifié, j'avais fourni les preuves de mon innocence, mon avocat les avait remises au ministère public; preuves dont une faible partie sont à la fin du présent mémoire, et qui peuvent, plus que tout ce que je pourrais dire, éclairer la religion du lecteur sur la conduite et les vues de mes dénonciateurs.

(1) J'ai donné nombre de preuves que je n'ai jamais été conduit dans les prisons de Béthune et M. le maître de poste de cette ville a déclaré n'avoir donné à cette époque, ni chevaux, ni voiture de la part ou par ordre de ce qui ce fût !...

CHAPITRE XI.

Que tous mes ennemis soient couverts de honte
et saisis de trouble : qu'ils s'éloignent au plutôt
de moi, confus de voir leur malice trompée...

Ps. 6, v. 10.

D'APRÈS l'arrêt précité de la cour, le sieur de Fouchier et ses complices auraient dû s'estimer heureux de voir cette affaire si bien terminée pour eux ; mais ils me savaient toujours à Paris ; des Magistrats recommandables me portaient le plus vif intérêt : ils voyaient en moi l'innocence persécutée, la fidélité méconnue, et une victime de la perfidie de mes implacables ennemis. C'est alors qu'ils craignirent l'influence de ces hommes intègres et incorruptibles qui pouvaient me recommander au ministre de la maison du Roi ; l'éclairer sur leurs perfidies, et me faire reconquérir la bienveillance des princes qu'ils avaient su si bien tromper jusqu'alors.

Il fallait travailler de nouveau à me nuire et à me perdre dans l'esprit du ministre, afin que S. E. ne me fît pas continuer le secours mensuel que j'avais obtenu des bontés de Louis XVIII : me couper les vivres et me faire fermer toutes les portes par de nouvelles scélératesses, étaient les vrais moyens de parvenir à me faire arrêter de nouveau comme vagabond, ou de me forcer à quitter Paris, pour cause de n'y pouvoir justifier de mes moyens d'existence.

Avant le terme fixé pour que le secours de S. M. ne fût écoulé, j'adressai une nouvelle supplique à M. le comte de Pradel, par laquelle je le priai de vouloir bien me faire obtenir un emploi, ou du moins me faire continuer le secours qui m'avait été accordé.

Je fus plus de deux mois sans recevoir de réponse à ma supplique ; mais je reçus une lettre de mon frère Thiery-Carré, par laquelle il m'informait que mes ennemis cherchaient à se procurer quelques notes défavorables contre moi, en faisant des offres de services aux personnes près desquelles ils s'adressaient, etc, etc.

Mon frère m'envoya même la copie de la lettre que M. Gand, maire de la ville de Verdun, fit répondre par M. Deveau, son secrétaire, au sieur de Fouchier, qui lui avait écrit au nom de M. de la Roche-Jacquelin, son colonel. Je crois devoir ici donner copie de cette lettre.

Verdun, le **20** *août* **1818.**

Le secrétaire de la mairie de Verdun à M de Fouchier, etc.

Monsieur,

« Le maire de la ville de Verdun, me charge de répondre à la lettre que vous lui avez adressée le 19 du mois courant, de la part de M. le colonel de

la Roche-Jacquelin ; ce magistrat est très-étonné que
M. de la Roche-Jacquelin n'ait pas même signé cette
lettre, ce qui pourrait donner de la suspicion à tout
autre ; mais M. le maire, toujours empressé à rendre les services qui lui sont réclamés, regrette bien
sincèrement, comme il y a plusieurs Thiery dans
cette commune, que vous n'eussiez pas mieux dé-
signé les qualités de celui que vous entendez, pour
les renseignemens que vous désirez. Cependant, M.
le maire a présumé qu'il pouvait bien être ici
question du sieur *Jean-Pierre Thiery*, ex-adjudant,
commandant les surveillans des palais de Versailles,
etc, qui marchant sur les traces de sa famille, n'a
jamais donné de preuves d'improbité ; on ne pourrait
lui reprocher qu'une *très-grande confiance*, ce qui a
failli le précipiter dans les malheurs les plus affreux ;
mais la justice, par fois lente dans sa marche, arrive
néanmoins à son but, environnée d'un éclat d'autant
plus brillant, qu'elle a été enveloppée de nuages
épais ; c'est ce qui est arrivé au sieur Thiery, dont
M. le maire entend parler : il a su par son courage,
par les preuves multipliées de son innocence, dissiper les nuages qui environnaient sa cause et triompher de ses implacables ennemis, à la grande satisfaction de ses concitoyens. J'ai etc.

Signé Deveau,

Secrétaire. (1)

(1) Le sieur de Fouchier ne se lassait pas ; il écrivit à M. Lambry,
procureur du roi près le tribunal de Verdun, et il lui fut répondu dans
le même sens que la lettre de M. Deveau.

A la réception de la lettre de mon frère et de la copie de celle adressée au sieur de Fouchier, je me transportai chez Me Coffinières, mon avocat, pour lui faire part des lettres que je venais de recevoir de Verdun; et le prier de m'aider de ses sages conseils. J'appris avec peine qu'il était en campagne; je lui écrivis donc, et je reçus de lui les lettres suivantes :

A M. Thiery, etc.

Monsieur,

« Je prends beaucoup de part à votre déplorable situation qui vous réduit à recourir à l'humanité des gens de bien pour vous procurer un emploi, après avoir occupé avec honneur une place importante, que vous n'avez perdue *que par l'effet d'une machination infernale* et pour avoir donné l'exemple assez rare, d'un dévouement sans bornes au roi, après le 20 mars.

« Je puis certifier ces faits comme en ayant acquis une connaissance personnelle dans l'examen approfondi auquel je me suis livré pour la défense de votre cause, dont nous devions espérer l'un et l'autre une meilleure issue.

« L'opinion des magistrats qui ont examiné à fonds votre affaire est en cela conforme à la mienne; ainsi que le prouve la lettre de MM. Mars et Riffé que j'ai l'honneur de vous adresser.

« Si mon témoignage peut ajouter quelque chose à celui de ces deux magistrats estimables, je me plais à le consigner ici, et je vous réitère l'assurance que je concourrai toujours par vœux, autant que par mes démarches, à hâter le terme des infortunes les plus cruelles et les moins méritées. »

'Agréez en attendant, etc.

Signé COFFINIÈRES.

Avocat.

PARQUET

Du tribunal de première instance et de police judiciaire de la Seine.

Le substitut de M. le procureur du roi, etc.
à M. COFFINIÈRES, etc.

Monsieur,

« Je m'empresse de répondre à la lettre que vous m'avez fait l'honneur de m'écrire relativement au malheureux Thiery ; les démarches de M. le procureur du roi et les miennes, ont été, jusqu'à ce jour, infructueuses, et Thiery n'a pu obtenir la place qui lui a été ravie, ni en obtenir une autre. Il est affreux que cet homme dont l'innocence évidente a été reconnue par plusieurs tribunaux, et qui même en première instance avait obtenu des dommages-intérêts contre l'un de ses dénonciateurs, soit resté en butte à une persécution produite par la prévention la plus erronnée et la plus injuste. Je désirerais trouver une occasion de lui être utile, pour lui retrouver de l'emploi, etc. »   Agréez, etc.

Signé MARS ;

Avocat du roi.

Monsieur,

« Il m'est impossible de ne pas ajouter mon témoignage à celui de mon collègue ; je connais le sieur Thiery, je sais tous ses malheurs, je sais surtout qu'ils sont le résultat ou d'une malveillance bien coupable, ou d'une prévention bien plus coupable encore. Si ma déclaration peut ajouter quelque chose à l'activité et au désintéressement que vous avez déployés dans cette affaire, je me hâte de vous l'adresser ; tout ce que vous pourrez obtenir pour Thiery, est une obligation que vous auront l'humanité et la justice. Tous les gens de bien vous sauront gré. »   Agréez, etc.

Signé RIFFÉ,
Avocat du roi.

Je ne me rebutai point ; j'adressai une nouvelle supplique au ministre de la maison du roi, et peu de temps après, je reçus la réponse suivante de M. le comte de Pradel.

MINISTÈRE DE LA MAISON DU ROI.

A Monsieur Thiery, ancien adjudant, etc.

Monsieur,

Le mémoire que vous m'avez adressé à l'effet d'obtenir un emploi dans la maison du roi, m'est parvenu ; mais il ne dépend pas de moi, M. de faire droit à votre demande, puisque toutes les places sont à la présentation de MM. les grands officiers, chacun dans son service ; vous étiez attaché à celui du château de

Versailles ; c'est donc auprès du gouverneur de ce château que vous devez solliciter votre réintégration, et non auprès de moi.

« Je vous remets ci-inclus *un nouveau bon de* 400 francs que j'ai obtenu pour vous des bontés du roi.

Je suis ,

Monsieur , parfaitement à vous , etc.
Signé Comte de Pradel.

Porteur de cette réponse du ministre de la maison du roi et muni des deux lettres de recommandation dont je donne copie ci-après, je sollicitai de M. le marquis Olivier de Verac, pair de France, et gouverneur alors du château de Versailles, une audience particulière.

Le procureur du roi du département de la Seine ,
A M. le marquis Olivier de Verac , pair de France , etc.

Monsieur le Marquis ,

Permettez-moi de solliciter votre intérêt et votre humanité en faveur de ce pauvre et malheureux Thiery ; il est père de famille , et s'il ne retrouve pas les moyens de se replacer , il va tomber dans la plus profonde détresse.

« Je ne l'ai connu que depuis qu'il a été l'objet des poursuites de la justice , et j'avoue que je regarde comme un devoir de contribuer , par mes instances , à lui obtenir la réparation des pertes qu'il a éprouvées : je ne puis mieux faire , pour remplir ce but , que de m'adresser à votre excellent cœur , et de vous assurer que mon opinion sur ce malheureux , s'est formée sur tous les documens *de son immense procès*, documens d'après lesquels je n'ai pu douter qu'il n'ait été victime de l'erreur ou de la méchanceté de ses dénonciateurs. »   Veuillez, etc.

Signé JACQUINOT DE PAMPELUME ,
Procureur du roi.

Argenteries et menus plaisirs du Roi.

Monsieur le Marquis ,

« Je prends la liberté de vous adresser une recommandation pour le malheureux Thiery ; je dois à ma conscience de déclarer qu'il m'est connu par son honnêteté, sa moralité, son dévouement remarquable au roi, ses services, les dangers qu'il a courus, des malheurs qu'il n'a nullement mérités, et par la fortitude avec laquelle il lutte contre eux, et contre la plus injuste persécution. »

« Il me paraît impossible, Monsieur le Marquis, que cette équitable bonté qui vous distingue, rencontre un objet plus digne. »   J'ai etc.

Signé D'EST ,
Secrétaire général des menus plaisirs du Roi.

Monsieur le secrétaire général après m'avoir remis cette dernière lettre, m'informa qu'il avait déjà écrit en ma faveur à M. de Combes, chef de la *deuxième division*, au ministère de la maison du Roi, et qu'il en avait reçu une réponse. Tenez, mon cher ! ajouta-t-il, après l'avoir cherchée, la voici : montrez-la à

M. le marquis de Verac, et à tous les gens de bien
qui s'intéressent à votre sort; prenez leurs conseils!
le mien et celui d'un magistrat qui vous porte intérêt, seraient que vous demandiez à rentrer dans
l'administration des forêts.

Je pris de ses mains la lettre qu'il me présentait,
lettre que je conservai avec grand soin, car elle atteste d'une manière positive, que mes dénonciateurs
ourdissaient dans l'ombre de nouvelles trames, pour
m'éloigner d'eux, ou me perdre de nouveau.

Je me fais un devoir de la mettre également sous
les yeux de mes lecteurs.

MINISTÈRE DE LA MAISON DU ROI.

Paris ce 29 *mars* 1819.

« A Monsieur d'Est, secrétaire général, etc.

« Vous me rappelez en quelque sorte un devoir,
mon cher ami; j'avais promis de vous écrire en faveur de ce pauvre Thiery; oui c'est une déplorable
victime de l'influence du crédit, et des injustices que
cette fâcheuse influence peut occasionner. Je connais son histoire, car, malheureusement pour lui,
ce n'est pas un *roman*. Jai fait tout ce que j'ai pu
pour le remettre à fleur d'eau; des places, il n'y
en a point de vacantes : j'avais obtenu pour lui 80
francs par mois, ce faible secours a fait envie à ses
cruels et puissans ennemis, et, par de nouvelles délations, on est parvenu à faire douter de l'à-propos
du bienfait. Les choses en sont là. Comme vous,

je m'intéresse au sort de ce pauvre Thiery, parce-qu'il est malheureux, sans avoir mérité de l'être ; mais qu'y faire ? si vous trouviez dans le ressort de votre administration une place quelconque, et que mon témoignagne ici puisse confirmer les vues bien-veillantes de M. de la Ferté, j'exhumerais avec plaisir des cartons ce que j'ai déjà été à même de dire, sur la position du malheureux Thiery. »

« Soyez persuadé que vous me trouverez armé de pied en cap, pour vous soutenir dans les inté-rêts de Thiery ; j'y trouverai le double avantage de parler d'après ma conscience, en signalant une gran-de injustice, en même temps de marcher sur vos traces, en prenant la défense de l'innocence et de l'humanité ; indiquez-moi ce qu'il faut faire et je ferai. »   Mille amitiés,

Signé de COMBES.

J'obtins enfin une audience particulière de M. le marquis de Verac, qui prit communication de ces lettres ; ce noble Pair m'assura que d'après les rap-ports qui lui avaient déjà été faits, par les employés des palais de Versailles, sur ma conduite, avant le 20 mars 1815, ma position l'avait peiné : que mal-gré le désir qu'il avait de m'être utile, il ne pouvait me donner aucun emploi dans son gouvernement, où l'on y supprimait près de la moitié des employés ; mais, ajouta-t-il, avec la plus grande bonté : Il faut avouer que vous avez de bien cruels ennemis, mon cher M. Thiery ! Oui, lui répondis-je, monseigneur,

et ils me craignent en raison du mal qu'ils m'ont fait !
c'est pour cela qu'ils ne cessent de former de nouvelles machinations, afin de détruire tout l'intérêt
que je puis inspirer. « Vous pouvez avoir raison,
Thiery, me répondit-il !... A-propos, vous avez été
attaché à l'administration forestière : si j'avais un
conseil à vous donner, ce serait celui de chercher à
y rentrer. Monsieur le procureur du roi vous recom-
mandera ainsi que moi, à M. le directeur général,
et je pense que ce parti vous convient beaucoup
mieux. D'un autre côté, je tâcherai d'obtenir pour
vous sur les fonds de mon gouvernement, ceux nécessaires pour vous monter et vous équiper. » Je
quittai M. le marquis, pénétré de ses bontés à mon
égard ; je réfléchis à ses conseils ; je méditai la lettre
de l'estimable M. d'Est, et j'eus lieu de soupçonner
que mon départ de Paris, plairait non seulement à
ceux qui me portaient intérêt, mais plus encore à
mes persécuteurs.

Je n'ai jamais su depuis les nouvelles délations
qu'ils avaient pu former contre moi ; mais ce qui
me prouve évidemment qu'il en a existé, c'est que
je perdis, sans en connaître le motif, le secours
mensuel que le chef du personnel m'avait obtenu.
Ce fait est digne de remarque et non d'étonnement :
c'était le seul moyen, leur dernière ressource pour
m'éloigner et me forcer à quitter Paris...

Ma femme était alors chez son père, à Revigny,
avec ma fille. Resté seul, le chagrin me rongeait le

cœur. L'erreur dans laquelle étaient les princes, et surtout Madame, qui m'avait toujours accueilli avec bonté, était devenue pour moi d'un poids insupportable; j'en étais humilié; je consumais mes jours en d'inutiles tentatives de justifications. M. le Duc, contrôleur des dépenses des palais royaux, qui m'avait tendu une main secourable, fut appelé et réprimandé.... J'eus lieu de remarquer que cette résolution, que cette inébranlable prévention du Comte d'Artois et de ses enfans, ne provenaient que de mes faux accusateurs, qu'ils croyaient incapables de les tromper, et que leurs insinuations perfides et mensongères tournaient de plus en plus contre moi. Je me résignai donc, le cœur nâvré de douleurs, à renoncer à l'espérance de me voir réintégré dans mon ancienne place, et je me déterminai à suivre les conseils que l'on m'avait donnés de rentrer dans l'administration forestière.

Je retournai près de Monsieur le marquis de Verac lui annoncer que j'étais décidé à suivre ses sages conseils : aussitôt il écrivit pour moi à M. le directeur général des forêts, qui sur sa recommandation, jointe à celle de M. le procureur du roi de la Seine, me fit la grâce de me nommer *simple garde-à-cheval* à Malain (Côte d'Or).

Avant de quitter Paris, je courus remercier M. le marquis de Verac qui venait encore de m'obtenir une somme de cinq cents francs pour mon équipement et mes frais de voyages, comme il avait daigné me le promettre; je m'empressai également de me rendre chez M. Jacquinot de Pampelume, le remercier de ses bontés. Ce digne magistrat, après m'avoir engagé de continuer à me distinguer toujours par une bonne conduite, daigna me donner une lettre de recommandation pour M. son frère, qui se trouvait directeur des domaines à Dijon, résidence de mon nouveau conservateur, et alors je quittai Paris.

CHAPITRE XII.

Le juste vivra éternellement dans le souvenir des hommes; sa réputation sera respectée durant sa vie comme après sa mort.

Ps. 3, v. 6.

Le lendemain de mon arrivée à Dijon, je me rendis chez M. Jacquinot, afin de lui remettre la lettre de M. le procureur du roi, son frère. Dès qu'il en eut achevé la lecture, il me fit une réception des plus honorables; m'assura que je pouvais compter sur lui, toutes les fois qu'il pourrait m'être de quelqu'utilité; que quand je serais disposé, il me présenterait et me recommanderait à M. de Lahorie, mon conservateur; j'acceptai avec empressement cette offre gracieuse, et il me présenta ce jour même. Je jugeai par là de l'intérêt que prenait à mon sort M. le procureur du roi de Paris, depuis procureur général, et aujourd'hui député, par celui que M. son frère ne cessa de me porter.

Durant les trois années que j'habitai le département de la Côte-d'Or, j'eus le bonheur, par une conduite irréprochable, de mériter l'estime des honnêtes gens de ce pays, comme je m'étais acquise celle des premiers habitans du département des Landes et de Versailles.

J'eus l'honneur d'être reçu au sein des premières sociétés, et particulièrement chez M. le marquis de Courtiveron, maire de la ville de Dijon ; chez M. le Comte, son fils, maire de Bussi ; chez M. le marquis de Charlantenay, le docteur Bernet et le chevalier de Berbis. Le lecteur verra par la lettre suivante ; que c'est à la recommandation de ces deux honorables députés, que j'ai dû mon avancement.

Le chevalier de Berbis député de la Côte-d'Or,

A. S. E. le ministre des finances.

Monsieur,

« J'ai l'honneur de recommander à la bienveillance toute particulière de votre excellence, le sieur Thiery, garde à cheval des forêts dans l'arrondissement de Dijon, ses services et sa conduite l'en rendent digne. Il sollicite une place de garde général, père de famille il a le plus pressant besoin de voir améliorer son sort. Nous nous intéressons vivement à lui, M. Bernet et moi, et nous vous aurons la plus grande obligation de vouloir bien avoir égard à notre recommandation. C'est mademoiselle Célina, fille du sieur Thiery, qui aura l'honneur de vous remettre cette lettre, et qui donnera à votre excellence de plus amples renseignements qui lui prouveront que son père mérite vos bontés. » J'ai, etc.

Signé chevalier DE BERBIS,
Député de la Côte-d'Or.

Dans le courant du mois de septembre 1824, je fus nommé garde-général à Darney, (Vosges). Avant mon départ pour ce pays, je n'eus pas l'honneur, ni la douce satisfaction de voir M. Rameau, mon inspecteur; mais je me fis un devoir de lui écrire pour lui faire mes adieux et lui témoigner le regret de ne plus l'avoir pour chef. Long-temps il n'avait été éloigné que d'un quart de lieue de ma résidence dans le département de la Côte-d'Or; il avait pu, mieux que toute autre personne, me juger : en effet, c'est en suivant pas à pas un homme dans la carrière qu'il parcourt, que l'on peut connaître et apprécier ses actions. Ce motif fait que je ne puis me défendre de mettre sous les yeux du lecteur, la réponse dont m'honora ce respectable inspecteur.

Monsieur et cher ancien collaborateur,

« C'est avec une bien vive satisfaction et autant de reconnaissance, que je viens de recevoir de vos nouvelles; il me tardait d'en apprendre et surtout de savoir si vous étiez enfin réuni à ce que vous avez de plus cher; puis encore comment vous vous trouvez dans votre nouvelle résidence. »

« Après toutes les adversités dont vous avez été si

long-temps victime , après tous les sacrifices que vous avez faits à l'attente et à l'espoir légitime d'une autre existence ; il était bien juste que vous obtinssiez la récompense de votre résignation et de votre courage. »

« Il nous arrive souvent de parler de vous en famille et de nous rappeler de vos honnêtes procédés en toutes choses. »

« De même que vous le faites, mon fils Just vous embrasse de tout son cœur. »

J'ai l'honneur d'être avec autant de considération que d'attachement, etc.

Signé Just RAMEAU ,
Inspecteur des forêts.

Quelques jours après mon arrivée dans les Vosges, je me rendis à Revigny (Meuse) , pour en ramener mon épouse ; je laissai près de mon beau-père, receveur de l'enregistrement, veuf depuis peu, ma fille unique, pour veiller aux intérêts de sa maison , et le seconder dans les écritures de son bureau. Cette jeune enfant mûrie par les malheurs , connaissait peu les plaisirs de son âge ; elle lui tenait lieu à la fois d'un commis et d'une bonne ménagère. C'était un trésor pour ce vieillard.

De retour à Darney, avec mon épouse , je m'occupai des devoirs de ma place avec toute l'activité d'un employé qui veut, non seulement gagner la confiance de ses supérieurs, mais encore la bienveillance des autorités locales. Je ne crains pas de le dire, je crois y être parvenu : j'étais parfaitement bien dans les Vosges ; je jouissais de l'estime de mes chefs, comme de celle de Messieurs le préfet, le sous-préfet et les maires de mon arrondissement ; mais mon bonheur ne pouvait être parfait : mon épouse était éloignée de son père âgé et infirme ; nous étions séparés de notre Célina qui désirait, ainsi que mon beau-père, mon rapprochement. Instruite que l'épouse du garde-général de Triaucourt était allée à Paris pour y solliciter l'avancement de son mari, cette chère enfant me l'écrivit, en exprimant le plaisir qu'elle éprouverait à nous voir habiter le cantonnement de Triaucourt (Meuse) qui ne se trouve éloigné de Revigny que de trois lieues. Cette circonstance me porta alors à solliciter mon changement pour ce pays.

J'écrivis à M. le préfet des Vosges, en le priant de vouloir bien me recommander à M. le directeur *général de mon administration*, ainsi qu'à M. l'inspecteur de Bar-le-Duc, pour lequel il avait obtenu cette inspection.

Le lecteur sera à même de juger de la véracité de ce que j'avance par les lettres suivantes.

Le préfet du département des Vosges,

A Monsieur THIERY, etc.

Monsieur le Garde-Général,

« J'ai, selon vos désirs, prié M. Garnier, inspecteur à Bar-le-Duc , de faire son possible pour que vous soyez appelé dans son inspection. M. Garnier me répond qu'il fera à cet effet tout ce qui dépend de lui , pour répondre à l'intérêt que je vous porte. »

« Je m'empresse également, Monsieur, d'avoir l'honneur de vous faire connaître les bonnes dispositions de M. le marquis de Boutillers à votre égard , en vous adressant copie de la lettre que je viens de recevoir , relativement au sieur Robert.

Recevez , etc.

Signé MEULAN.

DIRECTION GÉNÉRALE DES FORÊTS.

Paris le 21 décembre 1825.

Monsieur le préfet ,

Le sieur Robert , garde-général à Triaucourt sollicite en effet son avancement ; mais je ne prévois pas encore quand il sera possible de le lui procurer ; en cas de vacance de place dans le département de la *Meuse ,* je me rappelerai l'intérêt que vous prenez au sieur Thiery qui désire son changement pour ce département. »

« J'ai l'honneur d'être, etc. »

« Le conseiller d'état directeur général des forêts. »

« *Signé* marquis de BOUTILLERS. »

« Pour copie conforme délivrée administrativement. »

Le préfet des Vosges,

Signé MEULAN.

Monsieur le préfet, dans l'intention de me prou-ver qu'il avait pensé à moi, m'envoya cette lettre sans être cachetée, dans un paquet administratif adressé à M. le Pêche, maire de la ville de Darney, et député des Vosges. M. le Pêche avec lequel j'étais lié d'amitié, vint chez moi pour me la remettre, et me faire sa visite d'adieu ; il se disposait à partir pour Paris en qualité de député, et il m'invita à dîner le lendemain, veille de son départ. Je lui promis, et à l'heure indiquée, je me rendis chez M. le Pêche, où je trouvai une grande réunion de personnes de ma connaissance.

Après le dîner, comme de coutume, on passa au salon ; les parties établies, M. le Pêche me tira à l'écart, m'assurant qu'il allait faire à Paris tous ses efforts pour obtenir ce que je désirais, ainsi que ma famille : je m'empressai de le remercier de l'in-térêt qu'il me portait : après un instant de réflexion, M. le député me confia qu'il aimait les forêts et que mon cantonnement ferait bien son affaire ; mais que je n'en dise rien !...

Aussitôt son arrivée à Paris, M. le Pêche, fit les démarches nécessaires pour obtenir l'avancement du garde-général Robert, et pour lui-même, mon cantonnement de Darney, son pays.

Il y avait à peine dix jours que M. le député était parti pour Paris, que le sieur Robert reçut une lettre d'avis qu'il était nommé sous-inspecteur

dans le Midi, avec l'injonction de se rendre de suite,
à sa nouvelle résidence.

Son excellence le ministre des finances, MM.
de Boutillers, directeur-général des forêts, et Du-
teil, administrateur, tous trois députés, et par con-
séquent collègues de M. le Pêche, ne voulurent pas
sans doute, qu'un simple garde-général vînt s'asseoir
à leurs côtés : le ministre cependant ne pouvait guère
refuser une place à un député dévoué au gouvernement; S. E. aurait volontiers accordé au député
le Pêche, une inspection, mais M. le député ne
voulait pas quitter Darney, où il y avait déjà un
sous-inspecteur, M. d'Attigny. Des propositions lui furent faites; mais cet honorable fonctionnaire était
également dans son pays et tenait fortement à conserver cette résidence : aucune transaction ne devenant possible, il refusa les offres qui lui furent
faites.

Il y avait déjà plus de deux mois que le sieur
Robert était parti de Triaucourt et personne ne connaissait son remplaçant, pas même moi qui l'était.
La session de l'année étant terminée, je reçus une
lettre de passe pour le cantonnement de Triaucourt; et j'eus l'honneur, avant mon départ, d'être
reçu chez M. le préfet qui m'apprit, que la place
de garde-général que je quittais, était transformée
en sous-inspection, à laquelle M. le Pêche était nommé, ce que M. d'Attigny, conservé sous-inspecteur,
ignorait encore lui-même !...

Je ne tardai pas à recevoir de M. d'Attigny, mon sous-inspecteur, la lettre suivante.

N.° 251 du livre d'ordre.

Le sous-inspecteur des forêts,

A Monsieur le garde-général THIERY.

« Monsieur l'inspecteur me fait parvenir, Monsieur, une lettre de passe par laquelle M. le directeur-général vous appelle au cantonnement de Triaucourt ; je vous adresse cette lettre en vous félicitant sur une translation qui faisait l'objet de vos désirs, mais en même temps en vous témoignant tout mon regret de vous voir quitter cette sous-inspection. »

J'ai, etc.   *Signé* M. D'ATTIGNY.

Le 15 mai 1826, je partis pour Triaucourt avec mon épouse, bien satisfait d'être pour ainsi dire réuni aux personnes que j'affectionnais le plus, me gardant bien de trouver à redire que deux sous-inspections fussent établies dans la même ville.

CHAPITRE XIII.

Dès le 20 mars 1826, je remplissais mes fonctions de garde-général dans le cantonnement de Triaucourt.

Pendant mes diverses tournées du premier trimestre de mon arrivée, je remarquai que mes prédécesseurs ne s'étaient aucunement occupé des améliorations des forêts confiées à leurs surveillances ; qu'il n'y existait même pas de chemins praticables pour la traite des coupes.

Je m'empressai d'examiner avec soin tout ce qui pouvait être le plus urgent, et j'en fis des rapports par procès-verbaux à M. l'inspecteur.

Chaque année je redoublai de zèle pour que toutes les charges imposées sur la vente des coupes fussent ponctuellement exécutées ; j'avais grand soin que les divers travaux fussent faits dans les lieux le plus profitables aux intérêts de l'état, comme à ceux

des communes ; je donnai par des fossés d'assainis-
sement l'écoulement à des eaux qui de temps immé-
morial inondaient le sol et le privaient de végétation.
Par ce moyen je parvins à rajeunir les taillis et la fu-
taie de plus de 40 hectares, de la forêt d'Arcis-Fays.
Avec des aqueducs faits à propos, je rendis praticables nombre de chemins inaccessibles ou dangereux,
qui, par leurs mauvais états, interceptaient la communication de plus de *vingt* communes, tant avec la
ville de Bar-le-Duc, qu'avec leurs chefs-lieux de canton. La traite des bois s'opérant facilement alors, les
coupes furent mieux vendues, et le commerce y ga-
gna beaucoup (1). Malgré les souffrances que m'oc-
casionnait la chute que je fis en 1830, occupé à diriger ces travaux multipliés, mon zèle ne se ralentit pas,
je redoublai d'assiduité, et je me fis un véritable plaisir d'achever ce que j'avais entrepris (2).

Ne m'occupant constamment que de mes devoirs,
j'avais depuis long-temps fait trève à mes anciens malheurs ; j'oubliais des souvenirs si pénibles et ceux
qui en étaient les auteurs. Je mariai ma Célina au fils
du percepteur du bourg de Sermaize (Marne). L'é-
ducation du jeune BOUZENOT issu d'une honorable
famille me flatta, et, sans autre ambition, me con-
tentant des appointemens affectés à ma place, éloigné
de ma fille, seulement de cinq lieues, je me trouvais
heureux.

(1) Voyez les preuves Nᵒˢ 10, 11, 12, 13, 14, 15.
(2) Voyez la preuve Nᵒ 16.

Ce que je me permettais de dire, c'était qu'un agent forestier ne devait s'occuper que des améliorations et de la conservation des forêts qui lui étaient confiées. Je ne cessai de donner moi-même l'exemple assez rare, du plus grand désintéressement, lorsqu'il s'agissait de faire le bien : et l'on ne m'a jamais vu, comme bien des agens, employer la plus grande partie de mon temps, au plaisir de la chasse et penser que le gibier m'appartenait ; ni comme d'autres, augmenter mes appointements par des moyens illégaux et peu délicats (1), en me rendant le factoton de riches propriétaires, en régissant leurs forêts, tandis que l'état me payait pour le servir. Ma manière de voir était, que l'on ne pouvait bien servir plusieurs maîtres, et qu'il fallait donner l'exemple en toutes choses à ses subordonnés. Instruit à l'école de l'adversité, je n'ai jamais pris comme une infinité de chefs, ce ton froid, ou fier, comme on voudra l'appeler, avec lequel un homme en place reçoit assez ordinairement ceux qui sont, ou qu'il croit au-dessous de lui. Il suffisait de réclamer la justice, pour que je devinsse l'égal de celui qui s'adressait à moi. Si un ouvrier m'écrivait, pour opérer la recette de ses travaux, ou seulement une partie, je me transportais sur-le-champ à son atelier, et là je faisais droit à sa demande. Rien n'est plus petit à mes yeux qu'un employé dominé par l'or-

____

(1) Sur ce fait je m'en rapporte à M. Bailly, inspecteur général des finances et à l'intègre M. Neveu, ancien conservateur, à Châlons-sur-Marne.

gueil, aussi ai-je toujours considéré l'orgueil comme l'apanage des sots.

Je m'étends sur cet article, lecteurs, non pour vous rappeler ce que vous avez chaque jour sous les yeux ; mais pour éclairer, s'il est possible, l'administration supérieure sur bien des abus. Il est beau de n'aimer que la vérité et de la connaître telle qu'elle est. Tant d'illusions en prennent tellement l'apparence, qu'on y est souvent trompé. Il faudrait pour le bien de la société, que les hommes en place qui désirent la connaître, prissent conseil des personnes qui voient sans intérêts, et qui jugent sans présomption.

J'ai connu un inspecteur faible et d'une condescendance aveugle pour l'un de ses subordonnés, qui sut l'influencer au point de le faire agir selon ses caprices : je me défiai toujours de cet employé, parce qu'il était patelin envers ses supérieurs, et très-insolent avec ses inférieurs. Il est rare que les hommes de ce caractère ne soient pas faux ; le langage doucereux, près des chefs, est rarement celui de la sincérité ; mais je m'aperçois que je m'écarte, revenons à notre sujet.

Le 25 du mois de novembre 1832, veille des ventes de bois à Bar-le-Duc, j'étais à Lahaicourt, commune de mon cantonnement, pour y faire une vente de châblis. Après l'adjudication me trouvant à déjeuner avec un grand nombre des premiers habitans du pays, il se présenta à nous le nommé Teyssière, envoyé depuis peu de temps de Paris, comme brigadier forestier à Lahaicourt : cet homme se disait de la garde-royale lors de son licenciement en 1830. La fantaisie lui prit, et je ne sais pour quel motif, de me demander ce que je pensais de l'aventure de madame de la Roche-Jacquelin, que les journaux du jour annonçaient avoir été trouvée dans un four? Au souvenir du nom de cette famille qui me fut si funeste, dont je n'avais pas entendu parler depuis plus de douze ans, mon cœur tressaillit; je ne pus dissimuler ce que j'en pensais : ma réponse ne le satisfit point, et voilà Teyssière, l'employé du gouvernement, qui se rend le champion de ses ennemis et de mes persécuteurs...

Je me tais, lecteurs, sur le scandale que donna en cette circonstance le sieur Teyssière, préférant laisser parler les personnes.

« Nous soussignés Claude Collet, propriétaire et maire de la commune de Belval, Jean Bayer, propriétaire et conseiller municipal de la même commune, y demeurants, Amable Henriot, conseiller municipal de Lahaicourt, y demeurant, attestons à qui il appartiendra, que le 25 du mois de novembre dernier, nous nous touvions à rafraîchir dans une auberge, à Lahaicourt (Meuse), M. Thiery, garde-général des forêts, s'est également rencontré avec nous (il sortait de faire une vente de châblis), lorsque s'est présenté à M. Thiery, le sieur Teyssière, brigadier-forestier à Lahaicourt, qui en s'adressant à lui, lui demanda s'il avait vu les feuilles? M. Thiery lui ayant répondu qu'il ne voyait que celles des bois : à cette réponse le sieur Teyssière lui dit, que c'était les feuilles publiques qui annonçaient l'aventure de madame de la Roche-Jacquelin, dans la Vendée ; ce qu'il en pensait ? si c'est celle que je pense, répliqua M. Thiery, c'est une G.... et le colonel de la Roche-Jacquelin le Balafré et le sieur de Fouchier, quartier-maître des grenadiers à cheval de l'ex-garde de Charles X, étaient des hommes toujours prêts à faire leurs coups dans l'ombre ; je dois le savoir, ajouta-t-il, puisqu'ils m'ont fait tous les maux imaginables, en me faisant deux fois condamner à mort, une fois à perpétuité, et une autre à 15 mois de prison. Après ma justification près des tribunaux de la capitale, je les sommai de m'en rendre raison par une réparation d'honneur à laquelle ils se refusèrent constamment. Alors le sieur Teyssière lui répondit : qu'il en avait menti, que Fouchier était son cousin, et de la Roche-Jacquelin, son ancien colonel, qu'il prenait leurs faits et cause ; dès lors Monsieur Thiery lui observa qu'étant son supérieur, il ne pouvait compromettre son autorité ; Ah ! s'il ne tient qu'à cela, lui répondit Teyssière, demain je donnerai ma démission, *je te forcerai à te battre, ou je te cracherai à la figure devant tout le monde !* Sur ce, M. Thiery prit son chapeau et dit aux personnes qui étaient présentes : je me retire ! ce qu'il fit, avant de finir son déjeuner.

En foi de quoi, nous lui avons délivré le présent, pour servir et valoir ce que de droit.

Belval, le 4 mai 1833,

Signés COLLET, maire,

BOUGER et HENRIOT, conseillers.

Je vous le demande, lecteurs, un homme qui a du sang dans les veines, un ancien militaire, un Meusien ! pouvait-il après avoir été injurié et provoqué de la sorte s'en tenir là !... Non ! j'aurais cru me manquer à moi-même, si je n'eusse accepté sa provocation pour un défi. Après avoir mûrement réfléchi, je mis toutes considérations d'intérêts de côté, et le lendemain, à l'issue de la vente des bois (1), j'indiquai un rendez-vous au sieur Teyssière, où il put, ainsi que moi, se trouver avec des témoins. Arrivé sur le terrain, après que les épées furent tirées au sort, ainsi que l'emplacement, je mis habit bas ; c'est là que mes années et mes infirmités disparurent pour faire place au courage

____

(1) Ce jour était pour moi le dernier où il me fut permis, dans l'exercice de mes fonctions, d'être utile à mon pays.

Depuis trois ans les coupes de la forêt de Beaulieu étaient restées invendues, parceque l'estimation des agens supérieurs forestiers était trop au dessus de leur valeur. Les ouvriers qui, en les exploitant d'habitude, y trouvaient de l'ouvrage, en manquaient ; des menaces de couvrir de délits ces coupes m'avaient été faites, j'en donnai connaissance à M. le préfet, comte d'Aros, administrateur aussi habile que magistrat distingué. Père de ses administrés, ne voulant pas compromettre la tranquillité des communes confiées à sa surveillance, il comprit le danger qu'une plus longue obstination ferait naître, si l'administration persistait à renvoyer encore à l'année suivante, ces coupes non vendues ; il décida le conservateur à baisser la mise à prix et à la grande satisfaction de tous les gens de bien qui aiment la tranquillité de leur pays, comme aussi des ouvriers, ces coupes furent vendues, ce qui préserva peut-être du fléau d'une émeute, et des suites qui en résultent.

que je possédais dans ma jeunesse ; j'allais venger l'injure faite à mes cheveux blancs ; et je pensais même combattre mes ennemis et ceux de ma patrie, en me mesurant avec l'homme qui la veille avait montré tant d'arrogance et d'emportement à les soutenir. Après quelques bottes portées et parées, la pointe de mon épée atteignit la peau du sieur Teyssière ; ce faux-crâne n'en voulut sans doute pas davantage, car il s'écria, qu'il était blessé à mort ! il eut la lâcheté même de faire semblant de ne pouvoir se soutenir... Les témoins l'aidèrent à remettre ses habits, et le soutinrent en le ramenant à Bar-le-Duc, où ils le quittèrent.

Quelques heures après, je fus bien étonné, ainsi que M. Bristuille de Revigny, mon témoin, d'apprendre que l'on venait de voir le sieur Teyssière courir les cafés ; et qu'à l'instant même il montait à cheval pour retourner à Lahaicourt, où j'appris depuis qu'il arriva le même jour. Sans inquiétude sur la santé de ce fanfaron, je me hâtai de me rendre auprès de mon épouse, afin de l'informer moi-même de ce qui m'était arrivé ; et le lendemain, je continuai mes occupations ordinaires.

D'après les démarches personnelles d'un respectable magistrat près de M. Collin, mon inspecteur, je devais penser que l'administration supérieure ignorerait mon duel ; mais je me trompais, M. Collin, je ne sais pour quel motif, en rendit compte ; et peu de temps après, je fus remplacé dans mes fonctions sans avoir été entendu, et si je n'avais eu des droits acquis pour obtenir une modique pension, tous mes services publics étaient perdus pour moi sans retour.

Qui le croira! tandis que dans l'exercice de mes fonctions, je me conduisais avec honneur en faisant chaque jour, par mon intégrité et mon zèle, des amis au gouvernement; je me vis enlever mes moyens d'existence ! Mais qu'on rapproche ma conduite de celle du brigadier Teyssière, je laisse au lecteur à devenir notre juge, et à prononcer qui des deux méritait le blâme et la révocation ? Ce Teyssière qui s'est rendu le champion des plus cruels ennemis du roi et de la patrie a été récompensé, non assurément pour sa valeur et sa bonne conduite, par deux avancements successifs !... et cela sous le règne de Louis-Philippe, règne sous lequel sa majesté et ses augustes fils ne cessent de donner à l'armée des exemples de grandeur et de courage, aux ministres, de fermeté et de justice ; mais revenons à notre sujet, que notre plume liberticide s'arrête, qu'elle ne parle plus d'augustes personnes.

O ! combien M. le directeur des forêts, dont la religion a sans doute été étrangement surprise, dans cette circonstance, sur le compte de ce Teyssière, digne parent du sieur Fouchier, doit se reprocher ses décisions, puisque dans chaque pays que cet agent a habité, il ne s'y est fait remarquer que par des escroqueries et des fanfaronnades.

Dans sa dernière résidence instruit que l'autorité supérieure était informée de ses méfaits, cet homme, ou plutôt ce chevalier d'industrie, revêtu du grade de garde-général dans le cantonnement de Doulin-court, (Haute-Marne), décampa, sans tambour ni trompette, après avoir trompé la confiance de bon nombre de citoyens, notamment de M. Bourlon, son respectable inspecteur à qui il emporta une somme de 150 fr. laissant ce dernier et ses subor-donnés confus et indignés.

Je souhaite, amis lecteurs, vous qui connaissez maintenant les malheurs qui ont pesé sur ma tête, que vous n'appreniez jamais à vos dépens à juger les hommes ! Pour moi qui n'ai rencontré, presque partout, que fausseté, jalousie, cupidité, hypocrisie, ingratitude, ambition démesurée ; qui ai sans cesse sacrifié mes intérêts personnels au bien public, je crois peu au véritable bonheur au milieu des gran-deurs ; je me verrais même avec plaisir réduit à vivre au sein de ma famille, avec la modique pension qui m'est accordée, si elle pouvait suffire à me pro-curer les soulagements nécessaires à un âge, où ni moi, ni mon épouse, accablés d'infirmités, ne sommes plus capables de rien faire pour y subvenir. Est-ce surprenant après toutes les privations, tous les maux dont notre jeunesse fut trop long-temps hélas ! victime !

Que n'eut pas à endurer, cette femme chérie, modèle de vertus, au sein du plus affreux abandon,

au milieu des horreurs de la misère ! que de démarches ne fit-elle pas pour soulager mes peines !
à combien d'humiliations ne fut-elle pas exposée !
de combien de douleurs sa douleur fut suivie ! que
de fatigues nuit et jour n'eut-elle pas à surmonter !
de combien d'amertumes sa vie ne fut-elle pas abreuvée ! que de larmes ne versa-t-elle point ? délaissée,
sans fortune, sans appui, sans crédit, sans protection, c'est elle qui par ses douces consolations calmait
mes angoisses, ranimait mon courage abattu. O !
digne compagne, tendre mère, épouse adorée, femme
forte et incomparable dans l'adversité ! si le monde
connaissait tes vertus, tu deviendrais l'objet de son
admiration, de son estime et de sa vénération ! per-
mets-moi de renouveler ici le serment que j'ai fait
sur la tombe de ton respectable père, de consacrer
tous les jours qui me restent à adoucir tes souffrances
et à te faire oublier, *s'il est possible*, les maux
que mes malheurs t'ont causés.

O toi, ma Célina, après avoir secondé ta mère,
allégé mes chagrins dans les fers, par tes petits soins
et tes caresses enfantines, deviens notre consolation
sur le déclin de nos jours : apprends de bonne heure
à ton enfant, à cette Maria, l'objet de tes affections,
à toujours être compâtissante pour les malheureux;
à l'imiter dans cette piété filiale qui honore ta vie;
et, devenant mère à son tour, à élever ses enfans
dans la pratique de la vertu : que mes infortunes
leur servent d'exemple et de leçons; qu'ils apprennent,

dès le jeune âge , à ne point s'écarter du sentier de l'honneur, à fuir le vice et à se défier des méchans, ce fléau du genre humain !... Je te lègue, ô mon enfant, un nom sans tâche, le nom d'un honnête homme, et sans reproche !...

Il est pour moi un besoin, un devoir, en terminant ce pénible récit; c'est de témoigner ma reconnaissance aux âmes généreuses et compâtissantes qui prirent soin de ma défense, qui soulagèrent et adoucirent ma misère au fond des cachots; qu'elles trouvent ici la récompense de leurs impayables services; qu'il leur soit donné un tribut d'éloges si mérités, pour m'avoir consolé, porté aide, conseils et protection.

Et vous, illustre Coffinières, l'un des ornemens du barreau de la capitale, zèlé défenseur de l'innocence opprimée ; vous qui avez su hâter le terme de mes infortunes ; daignez recevoir aussi l'hommage dû au dévouement, à la vertu, au désintéressement et aux talents, que vous savez si bien utiliser pour faire triompher la vérité de la calomnie.

N.° 1.

Nous soussignés, président et juges du tribunal de première instance, à Saint-Sever, deuxième arrondissement du département des Landes, nous faisons un devoir de rendre justice à l'honnêteté et à la fidélité avec lesquelles M. Jean-Pierre Thiery a rempli les fonctions de garde-général près notre tribunal. Sa conduite lui mérite, non seulement la protection de ses supérieurs, mais encore la bienveillance du gouvernement. Tous ceux qui le connaissent désirent son avancement.

A St.-Sever, le 22 septembre 1843.

Signés Bretoux-Lassere, président, Ladoue et Boutaret, juges.

N° 2.

Le préfet du département des Landes déclare de nouveau, que le zèle et la bonne conduite de M. Thiery lui donnent les droits à la bienveillance de M. le conseiller d'état ; et que le changement de destination qu'il sollicite, et qui le rapprocherait de son pays et de sa famille, serait pour lui un bienfait d'autant plus appréciable, que la santé de sa femme, altérée par le climat du midi, donne des inquiétudes sérieuses.

A Mont-de-Marsan, le 20 mai 1813.

Signé le Comte d'Aangosse.

N° 3.

Nous brigadier et surveillans des palais royaux, parcs et dépendances du gouvernement de Versailles, nous faisons un devoir d'attester, à tous ceux qu'il appartiendra, que dès l'instant où M. Thiery fut nommé notre adjudant commandant, il chercha, par tous les moyens, d'exciter non seulement notre zèle pour remplir nos devoirs, mais encore de nous inculquer les sentimens de reconnaissance dont il était animé pour sa majesté Louis XVIII. M. Thiery n'a cessé de nous prouver chaque jour son fidèle attachement au roi et aux princes, jusqu'au 20 mars, à six heures du soir : ledit jour, M. Thiery, après avoir fait sa ronde accoutumée, avoir donné les ordres aux brigadiers-lieutenants de service, nous recommanda de faire bien le nôtre jusqu'à son retour.

Le lendemain, 21 mars, madame Thiery, son épouse, nous apprit que son mari était parti pour rejoindre les princes, ses bienfaiteurs, et le lendemain elle fut mise hors de son logement par un agent de Bonaparte.

Voilà ce que nous pouvons affirmer, et serons toujours prêts à le faire quand besoin sera.

Signés CHASSERAY, LEPINE, POINTOT, GUILLERONT, LETERRIÈRE et PHILIPPON,
Chevaliers de la légion d'honneur.

Je certifie avec plaisir tout ce qui est énoncé ci-dessus, relativement à la conduite que M. Thiery a tenue à l'époque du 20 mars.

J'ajouterai, de plus, que deux ans avant de connaître M. Thiery, les mêmes rapports, sur son compte, m'ont été faits par des gens dignes de foi, dont les principes me sont assez connus, pour que je ne puisse porter aucun doute sur la véracité des faits qui se sont passés dans cette circonstance.

En conséquence, je me plais à lui rendre ce témoignage, que je considère comme un acte de justice, et que je crois devoir aux bons principes et dévouement sans bornes qu'il a toujours manifestés pour le service du roi. En foi de quoi je lui ai délivré la présente attestation pour lui servir à ce que de besoin,   Fait à Versailles, le 10 juillet 1817.

Signé MAGON de Lagiclais.
Adjudant des palais.

N   4.

Je soussigné, concierge général au château de Versailles, certifie que, pendant le temps que M. Thiery a occupé la place d'adjudant audit château,

j'ai remarqué en lui beaucoup de zèle et de probité ;
il est parti le 20 mars 1815, à 8 heures du soir, avec
mes deux fils, pour rejoindre le roi, et tout le temps
qu'il a exercé ses fonctions, je n'ai eu qu'à me
féliciter des rapports que nous avions ensemble.

Signé de BOUCHEMENT.

Vu pour légalisation de la signature de M. de Bouchement.

Paris 25 mai 1819.

Signé FORESTIER, conseiller d'état.

N° 5.

Je soussigné, Jean-Baptiste Dususiau, aubergiste
à Béthune, déclare que M. Thiery ex-adjudant des
palais de Versailles, qui se trouve maintenant à Béthune et que j'ai parfaitement reconnu, est le même
que celui auquel j'ai fait servir le vendredi 24 mars,
à 5 heures après midi, ainsi qu'au quartier-maître
et à son secrétaire, une soupe et une bouteille de vin,
lequel Thiery est descendu une demi heure après,
travesti en habit bourgeois, et a fait à mon épouse,
la proposition de lui procurer de l'or pour de l'argent
blanc appartenant au quartier-maître sus-dénommé.
M'ayant consulté à cet égard, j'ai fait l'échange de
20 pièces d'or ; la demande d'échanger une plus
forte somme m'ayant été faite, ma fille proposa d'en
parler à son oncle M. Louis Brequin, avocat en cette
ville, qui se rendit chez moi, où il fit l'échange de
36 pièces d'or, dans la chambre où les trois officiers

sus-dénommés étaient à rafraîchir, lequel échange fut fait avant la chute du jour.

Après les opérations des changes, M. Thiery est sorti de chez moi, pour aller en ville, avec le quartier-maître et son secrétaire, et il est revenu, avec ce dernier, pour faire disposer le souper, et se mirent à table, les trois mêmes vers les huit heures, où ils restèrent à causer très-paisiblement jusqu'à onze heures du soir.

En foi de quoi j'ai signé la présente déclaration que je certifie véritable et que j'affirmerai, par serment, si besoin est, partout où il appartiendra.

Signé DUSUSIAU.

Délivré sur papier timbré et enregistré à Béthune.

Vu et légalisé la signature du sieur Dususiau, par nous, maire de la ville de Béthune, le 28 août 1817.

Signé DELALLAN.

N° 6.

Béthune, le 15 septembre 1817.

Monsieur,

L'intérêt qu'ont su nous inspirer vos déplorables malheurs et leurs suites plus funestes encore, est bien vif, croyez que ce sera pour nous une véritable et douce satisfaction d'apprendre la bonne issue de votre affaire.

Si, comme vous nous l'annoncez, nous sommes appelés devant notre tribunal, soyez sans inquiétude aucune : on n'y recueillera de nous que la simple et pure vérité ; elle fut de tout-temps le mobile de nos actions ; mais quand elle peut contribuer au triomphe de l'innocence, ce n'est plus une règle alors, c'est un devoir sacré pour nous !

Nous avons, etc.

Signés JACQUES JEAN, frères.

NOTA. Ce sont les deux fils de madame veuve Pierre Jean, chez qui l'on fit l'échange de quatre sacs, et où je m'étais présenté pour déposer la malle contenant les effets du sieur de la Roche-Jacquelin, avant de me décider à la mettre à la diligence.

N° 7.

Je soussigné , Louis-Joseph Manier, licencié en droit et avocat près le tribunal de Béthune, déclare que le 25 mars 1815, je commandais le poste de la garde nationale ; que ce jour là, vers midi, on amena au corps-de garde de la place, un particulier ayant habit bleu bourgeois, on me le désigna comme agent de *Bonaparte.*

Quelques momens après plusieurs individus en uniforme se présentèrent, accusèrent cet homme d'espionnage, et voulaient se porter à des actes de grandes violences contre lui ; je m'y opposai et les obligeai à quitter le corps-de-garde.

Depuis il s'est présenté chez moi un individu sous le nom de Thiery, ex-adjudant, pour me témoigner sa reconnaissance ; il m'a requis cette attestation, et

je n'ai pas cru devoir la lui refuser, étant conforme
à la vérité.

Signé MANIER, Avocat, etc.

Par le maire de la ville de Béthune, pour valoir légalisation
de la signature de M. Manier, avocat, domicilié en cette ville.

A l'hôtel-de-Ville, dudit Béthune, le 22 décembre 1817.

Signé DELALLAN.

Enregistré le 22 décembre 1817.

Signé BODESSUS.

N.° 8.

Nous soussignés Jacques-Charles-Jean, négociant
à Béthune, et Jean-Baptiste Chavatte, cultivateur
audit lieu, déclarons que le lundi 28 mars 1815,
étant à nous promener dans le jardin qui formait
l'enclos du magasin au fourrage, ci-devant église des
Recollets, nous vîmes apparaître à nous une personne que nous reconnaissons aujourd'hui pour être
M. Thiery, ex-adjudant commandant les surveillans
des palais de Versailles, lequel se jetta à nos genoux, en nous demandant la vie, nous déclarant
qu'il était celui qu'on avait arrêté comme agent de
Bonaparte, et réclamant, de nos bons offices, du
pain ; en exposant qu'il n'avait rien pris depuis deux
jours. Lui ayant observé que s'il était vrai qu'il fût
l'agent de Bonaparte, il n'avait plus rien à craindre
puisque les troupes de ce dernier étaient entrées
dans la ville, il s'écria ; ô mon Dieu ! en ce cas,
consentez par grâce, que je passe encore la nuit
ici ; nous étant retirés, le premier des soussignés

revint de chez lui et apporta audit sieur Thiery du pain et une bouteille de vin que ce dernier mangea, ou plutôt dévora et but, par l'excès du besoin.

Nous déclarons en outre que quand le sieur Thiery nous apparut, il était vêtu en habit bleu bourgeois, sans chapeau, ni cravatte, cette dernière, qui était noire, lui servait à envelopper sa tête....

En foi de quoi nous avons signé la présente déclaration que nous certifions véritable et que nous affirmerons, si besoin est, partout où il appartiendra.

Signés CHARLES JEAN ET CHAVATTE,

Vu par le maire de la ville de Béthune, pour valoir légalisation de la signature de MM. Charles Jean négociant, et Jean-Baptiste Chavatte cultivateur domiciliés en cette ville.

A l'hôtel de ville, 28 août 1817,

Signé DELALLAN.

N.° 9.

Je soussigné, Claude Gérard, propriétaire demeurant à Damvillers (Meuse).

Certifie que le treize avril dernier, j'ai remboursé à M. Thiery une somme de douze cents francs que lui devait mon père, pour le prix d'une chènevière et d'un pré que lui avait vendu ledit sieur, par acte du 27 mai 1814. Damvillers, ce 15 octobre 1815,

Signé GÉRARD.

Pour la légalisation de la signature de M. Gérard, l'adjoint, pour l'absence du maire de Damvillers.

Signé P. H. CHOLET.

N.º 10.

Nous, maire de la commune de Couvrot et Villers, certifions avoir vu le sieur Thiery qui est resté dans la commune pendant quinze à dix-huit jours, après son arrestation à Vitry-le-Brûlé ; nous avons eu occasion de l'entretenir différentes fois, tant d'affaires politiques que d'autres, et nous avons remarqué, avec satisfaction, son attachement non équivoque à sa majesté Louis XVIII. En foi de quoi nous lui avons délivré le présent certificat.

Couvrot, le 24 septembre 1815.

Signé DUCHESNE, maire.

N.º 11.

Le commissaire de police du quartier Sainte Avoye, certifie que la dénonciation faite pardevant lui, par le sieur François, dit Dartois, contre le sieur Pierre Thiery, le quatre août 1815, ensemble l'interrogatoire subi par ce dernier, ont été envoyés à la préfecture de police, le lendemain, cinq août.

Au bureau de police, le 25 juillet 1817,

Signé C. PALLUY.

N.º 12.

Le Sous-Inspecteur des forêts de l'arrondissement de Bar-le-Duc, atteste qu'à diverses reprises il a entendu M. Thiery, garde-général des forêts, à Triaucourt, se plaindre des suites d'une blessure occasionnée par une chute qu'il a faite en 1830, dans les forêts d'Arcis-Fays; qu'il a toujours reconnu au dit sieur Thiery une probité irréprochable, et que depuis qu'il est sous ses ordres, il a fait preuve de zèle et d'activité pour la réparation de plusieurs tranchées des forêts de son cantonnement qui, par ses soins, ont obtenu une amélioration notoire.

En foi de quoi, nous lui avons délivré le présent.

Signé Jules Magnier.

N.° 13.

Nous, président et procureur du roi près le tribunal de première instance de Bar-le-Duc, certifions qu'il est à notre connaissance que, pendant le cours de ses fonctions de garde-général des forêts, au canton de Triaucourt, le sieur Thiery s'est toujours comporté avec honneur et probité, et que sa situation mérite, pour l'obtention d'une retraite, toute la sollicitude de son administration.

Signés Cleret et Corrard.

N° 14.

Nous, maréchal de camp, maire de la commune de Lahaicourt, canton de Vaubecourt, département de la Meuse, certifions que M. Thiery, garde général des forêts de l'état a la surveillance immédiate des bois communaux dudit Lahaicourt, depuis six ans; que pendant ce temps il s'est occupé non seulement de leur amélioration, mais encore de l'établissement des tranchées, pour en faciliter l'exploitation, par de solides empierremens et des accotemens bien dirigés, qui forment aujourd'hui des chemins vicinaux remarquables, qu'il était impossible de pratiquer, pour le retrait des coupes annuelles et pour communiquer avec les communes de ce canton.

Certifions en outre que cet agent forestier s'est fait remarquer par son zèle et l'exemple qu'il n'a cessé de donner à ses subordonnés, de son impartialité à remplir ses devoirs dans toute leur intégrité, ce qui lui a mérité l'estime et la considération publiques dont il jouit à juste titre.

En foi de quoi, nous nous faisons un devoir de le recommander à la bienveillante sollicitude du gouvernement pour qu'il obtienne, du meilleur des Rois, Sa Majesté Louis-Philippe, la pension de retraite à laquelle ses blessures et ses services lui donnent un droit acquis.

Délivré en la Maison commune de Lahaicourt, le 28 mars 1832.

Signé G.al B.on PORSON.

Vu pour légalisation, par nous Secrétaire général de la Préfecture de la Meuse, délégué.

A Bar-le-Duc, le 15 mars 1832.

Signé GILLON.

N.º 15.

Le Maire du Bourg de Triaucourt, chef-lieu de canton, premier arrondissement du département de la Meuse, certifie et atteste, à qui il appartiendra, que M. Thiery, garde-général des eaux et forêts, résidant à Triaucourt, s'est toujours comporté avec honneur et probité, en un mot, a tenu une conduite très-régulière et irréprochable ; que constamment il s'est livré au bien public, et à l'exercice de ses fonctions, dans lesquelles il a apporté le zèle le plus extraordinaire que l'on puisse imaginer ; et entr'autres, il est parvenu à améliorer et rendre déjà très-habitable le chemin vicinal de Triaucourt à Lahaicourt, qui traverse la forêt royale d'Arcis-Fays et les bois communaux de Triaucourt, qui était autrefois, on peut le dire, absolument impraticable : en sorte qu'au moyen des travaux et améliorations que M. Thiery a fait exécuter sur ce chemin en y construisant des pontceaux dans tous les fonds, et creusant des fossés dans certains endroits, on peut facilement le fréquenter dans le moment actuel ; aussi les habitants, et, en général, les voyageurs louent M. Thiery sur ses chefs-d'œuvre, et ils ont appris avec peine l'accident qui lui est arrivé sur la fin de 1830, accident qui n'a aucunement ralenti son zèle pour les réparations du chemin en question, mais encore pour ceux de partout ailleurs ; ce que nous certifions.

Triaucourt ce 20 mars 1832.

Signé Dorin.

Vu pour légalisation, par nous Secrétaire général de la Préfecture de la Meuse, délégué.

Bar-le-Duc, le 31 mars 1832,

Signé GILLON.

N.º 16.

Je soussigné, maire de la commune de Vaubecourt, chef-lieu de canton, arrondissement de Bar-le-Duc, département de la Meuse, certifie, à qui il appartiendra, que M. Thiery, garde-général des forêts de l'État, à la résidence de Triaucourt, s'est acquis des droits à la reconnaissance, non seulement des habitans de cette commune, mais encore à celle des citoyens de plusieurs autres communes qui ont des rapports presque continuels avec la ville de Bar-le-Duc, par le zèle qu'il a montré à rendre viable, dans la forêt de la Charpentière, la partie du chemin de grande vicinalité de Triaucourt à la route départementale de Bar à Vitry-le-Français, qui s'y trouve ; lequel chemin, dans l'endroit ci-dessus indiqué, était dans un si pitoyable état de dégradation, qu'il interceptait la communication de plusieurs communes environnantes, et celle de Vaubecourt avec la ville de Bar ; que la cessation des fonctions de ce garde-général tient à cœur aux habitans de tout le voisinage, non seulement parce qu'ils craignent que les améliorations qui restent encore à faire dans cette partie du chemin, ne soient suspendues, mais encore par l'estime que lui portent toutes les personnes sages et éclairées qui le connaissent.

Délivré à la mairie de Vaubecourt, le 27 mars 1832,

Signé ANCHIER.

Vu pour légalisation, par nous Secrétaire général de la Préfecture de la Meuse, délégué.

Bar-le-Duc, le 31 mars 1832.

Signé GILLON.

EXTRAIT

D U

PLAIDOYER ET DES CONCLUSIONS

D E

M. MARS,

Avocat du Roi,

Prononcé à la 2.ᵉ chambre du tribunal de 1.ʳᵉ instance
du département de la Seine, le 17 janvier 1818.

Messieurs,

Un homme avait embrassé avec ardeur la cause de
l'auguste famille des Bourbons ; libéralement récompensé de ses services, il avait acquis la confiance,
l'estime et la protection de ses chefs. Au premier
bruit de la fatale invasion de 1815, embrâsé d'un zèle
non moins ardent, il avait manifesté ses sentiments,
au péril de sa personne, il avait tout quitté pour suivre le roi. Sa place lui avait été ravie, et sa femme
avait été expulsée du logement affecté à sa place.

Mais voilà que tout-à-coup, cet homme est signalé

comme un ingrat, eomme un perfide, comme un traitre, et que pour comble d'ignominie, ce même homme, dont la probité avait été jusqu'alors sans reproche, est traité comme un vil spoliateur, comme un voleur infâme.

Deux fois il s'échappe par la fuite ; deux fois il est livré à l'autorité, trois fois il est condamné ; enfin *après vingt mois de captivité, il est acquitté* :

Mais il sort de cette lutte judiciaire ; flétri par une triple condamnation ; il en sort après avoir épuisé toutes ses ressources.

Plongé dans cet abîme d'infortune, il reporte ses regards sur les accusations dont il a été frappé ; et, parmi ceux qui ont joué les principaux rôles, il croit reconnaître deux calomniateurs ; alors il vous les désigne, et vous demande une éclatante réparation.

Dans son mémoire, Fouchier après avoir fait malicieusement ressortir les différentes condamnations prononcées contre Thiery, a attribué à la négligence de la cour royale, qui, en définitive, a statué sur le sort de Thiery, l'absolution de cet accusé.

Il nous appartient, Messieurs, non pas de venger la cour qu'on a voulu offenser par de pareilles insinuations, car la cour est au-dessus de ces attaques, mais de défendre l'honneur d'un citoyen trop longtemps victime d'une funeste erreur.

Ah ! Messieurs, combien une pareille tâche est honorable ! combien elle est douce à remplir ! investis d'un ministère rigoureux, chargés souvent, quoiqu'il en répugne à notre cœur, de soutenir des accusations, qui la plupart du temps, ne sont que trop fondées, ou qui ne laissent après elles que des doutes trop fâcheux, nous saisissons avec transport, l'occasion de mettre dans tout son jour une innocence si long-temps environnée de ténèbres, et que l'on essaie encore d'obscurcir.

Avant d'embrasser la défense du malheureux Thiery, il a fallu nous livrer à un examen long, pénible, fastidieux, mais pendant lequel l'importance de la cause a soutenu notre courage, nous ne nous sommes point bornés aux pièces du procès civil, nous ne nous sommes pas contentés des mémoires et des plaidoiries des parties, nous avons encore cherché la vérité, dans les procédures criminelles dont Thiery a été l'objet; nous nous sommes armés de précautions contre nous-mêmes, et ce n'est qu'après avoir long-temps médité, que nous avons enfin arrêté notre opinion.

Ne s'agirait-il que de démontrer l'innocence d'un citoyen poursuivi par l'erreur, notre ministère nous en ferait un devoir, car la réputation est le premier, le plus précieux de tous les biens: mais la fortune de Thiery est encore intéressée à cette démonstration. Père de famille il est sans ressources, sa place lui a été ravie; dans des circonstances aussi fatales, il lui importe de faire tomber le dernier voile qui cache la vérité. Voilà, Messieurs, les considérations touchantes qui nous ont, en quelque sorte, entraîné à la discussion où nous allons entrer, discussion qui plaira à vos cœurs, à votre justice, car il vous sera aussi doux qu'à nous de voir enfin l'innocence proclamée et reconnue.

Quoique Thiery n'ait été poursuivi que pour deux faits, il est une troisième inculpation qui, pour n'avoir pas fait la matière d'une accusation légale, n'en a pas moins tenu une place considérable dans son procès criminel, et qui a été une des principales sources des préventions dont il a été long-temps frappé.

Cette inculpation, Messieurs, c'est celle de trahison et d'espionnage.

Comme elle a régné sur tout le procès criminel, nous commencerons par ce grief.

C'est en suivant pas à pas un homme dans sa conduite, que l'on peut pénétrer dans son âme, et juger ses intentions et ses actions.

Cette interprétation doit être bien plus favorable encore, quand, par de certains faits ou par son intérêt, cet homme s'est *mis dans l'impossibilité de changer.*

C'est en ne perdant pas de vue cette observation, que vous pourrez décider, si les imputations d'ingratitude, d'agent secret, qu'on avait élevées contre Thiery, étaient fondées.

D'abord, Messieurs, l'intérêt, vous le savez, est le mobile des actions humaines; généreusement récompensé de ses services par une place lucrative, qu'un

changement de gouvernement et sa conduite anté-
rieure ne lui auraient pas permis de conserver, Thiery
a dû nécessairement s'affermir dans ses sentimens de
reconnaissance et de fidélité.

*Aussi pendant les fonctions qu'il a exercées à Ver-
sailles*, n'a-t-il pas démenti un seul instant ces mêmes
sentimens.

Vous en avez pour garant, Messieurs, un magistrat, alors maire de Versailles, M. de Jouvencel,
homme à la fois recommandable par sa probité, par
ses lumières, par ses opinions, par les grands services
qu'il a rendus à la ville confiée à ses soins. Ce magistrat vous atteste, et il a attesté devant la cour d'assises, qu'il a toujours remarqué en Thiery un attachement vif pour le roi et pour les princes de sa
famille.

Les révolutions sont la pierre de touche de la fidélité des sujets. Dans la crise de mars 1815, la fidélité de Thiery s'est-elle conservée dans la même
pureté, et soutenue avec la même chaleur?

Son dévouement, Thiery l'a manifesté plusieurs
fois, au péril *de sa vie.*

Voyez la déposition du sieur Tournier, celle de
madame Moreau, et le trait de fidélité à la personne
auguste du roi, qu'ont attesté le sieur de Saulty receveur général, et le sieur Guillemont, receveur principal de Versailles, dans leurs dépositions devant la
cour d'assises à Paris.

Ce n'est pas seulement à de vaines clameurs que

s'est borné le dévouement de Thiery; il a encore tâché de rendre son zèle plus efficace.

Pendant tout le temps qu'il a exercé ses fonctions d'adjudant commandant des surveillans et gardiens des palais royaux de Versailles et des Trianons, non seulement il a aiguillonné le zèle de ses subordonnés, pour leur devoir, mais encore il leur a inculqué les sentimens d'amour et de reconnaissance dont il était lui-même animé pour la famille royale.

Thiery ne cessa de manifester les mêmes intentions jusqu'au 20 mars; ce jour là, avant de quitter Versailles, Thiery s'était présenté à la mairie, où M. de Jouvencel lui a délivré un passeport. Il dit au maire qu'il ne pouvait se dispenser de rejoindre ses bienfaiteurs. Il le quitta les larmes aux yeux, en lui recommandant sa famille qu'il laissait à Versailles.

C'est encore là un fait que certifie M. de Jouvencel dans une attestation où il reproduit la déposition orale faite devant la cour de Paris.

L'imputation d'agent secret de Bonaparte ne peut donc être que l'ouvrage du quartier-maître Fouchier et de Dartois! elle n'a pu être renouvelée que par eux à Alost, quand le sieur Thiery, qui voulait se justifier, et qui dans ce dessein s'était revêtu des habits du sieur de Fouchier, et que ce dernier l'accusait de lui avoir volé à Béthune, a été arrêté pour la seconde fois; en effet, d'une part c'est Fouchier qui a fait effectuer cette arrestation, car il en est convenu lui-même, d'une autre part, aucune pièce,

12.

aucun papier ne prouvent l'espionnage ; le ministre n'a pu en voir : si sa lettre en parle, ce n'est peut être que d'après des rapports mensongers. (1)

Non, Messieurs, Thiery n'était pas l'agent de Bonaparte ; sa conduite en est le plus sûr garant, s'il l'eut été, il aurait été récompensé de sa perfidie, et cependant sa femme est impitoyablement chassée du palais de Versailles. Thiery, de retour à Paris, ne recouvre pas sa place, il y a plus, lorsqu'à Béthune, dans le lieu où il s'était caché, on lui dit, que s'il était espion de Bonaparte, il pouvait se montrer ; que la ville a cessé d'être au pouvoir du roi ; il gémit de l'erreur dont il a été la victime, il parle d'aller se justifier auprès des princes ; il réalise ce projet, non avec des sommes qui auraient été le salaire de sa perfidie, mais avec le prix de son propre patrimoine. Quand il arriva à Alost, ce n'est pas secrètement, en changeant de nom, en déguisant son costume, comme l'aurait fait un espion ; sans perdre de temps, il va trouver les frères de Bouchement, il leur raconte publiquement ses malheurs ; le but de son voyage ; et lorsqu'il est arrêté, sans avoir eu le temps de remplir son dessein ; il ne cesse encore répéter, au milieu de ses gardes, qu'il est venu à Alost, pour se justifier, et qu'il aime mieux mourir que de passer pour coupable.

Dans les procédures, ne se trouvent ni l'interro-

____

(1) Ils étaient faux : en France, la justice ne procédait pas comme à l'étranger, il fallut bien les soustraire des pièces d'accusation, c'était faite, à Fouchier, il en était porteur !..

gatoire subi à Alost ; ni les papiers relatifs à Thiery. Que sont devenus ces papiers ? que contenaient-ils ? c'est ce que nous ne saurions vous dire !.....

La cour royale, par un arrêt du 27 novembre 1816, l'a acquitté, attendu, porte l'arrêt, qu'il ne résulte pas la preuve que Thiery ait frauduleusement soustrait une partie du trésor des grenadiers à cheval de la garde du roi.

Il est à observer que dans la rédaction de l'arrêt, le greffier y avait ajouté le mot *suffisante* après le mot *preuve* ; mais cette expression a été rayée par la cour ; la représentation de la minute de l'arrêt nous a dévoilé cette particularité, qui peut-être n'est pas indifférente dans le procès actuel.

(Après avoir établi, de la manière la plus lumineuse, que l'accusation de vol, portée également ment par le quartier-maître Fouchier, contre Thiery, était aussi dénuée de fondement et de vraisemblance, M. l'avocat du roi termine ainsi son plaidoyer.)

Voilà, Messieurs, les élémens d'après lesquels nous avons reconnu l'innocence de Thiery.

Les principes de la matière une fois posés, Messieurs, nous n'avons plus que la conséquence à en tirer.

Thiery n'a demandé aucuns dommages et intérêts, devant les divers tribunaux, auxquels il a été déféré quoiqu'il ait connu son dénonciateur ; son action n'ayant pas été formée dans le temps prescrit par la loi, il en est aujourd'hui déchu.

Mais si la loi dispense les sieurs de Fouchier et Dartois de réparations pécuniaires, au profit de l'infortuné Thiery, leur conscience (1) les oblige à réparer, autant qu'il est en eux, les effets d'une erreur dont les conséquences ont été si désastreuses. C'est en confessant cette erreur, c'est en proclamant eux-mêmes l'innocence de Thiery ; c'est en dissipant les préventions dont ils ont été personnellement la cause; c'est en réhabilitant ce père de famille dans l'opinion publique, dans celle de ses anciens protecteurs; c'est en concourant de tout leur pouvoir, à lui faire obtenir une juste indemnité de la perte de sa place, qu'ils payeront la dette que leur conscience leur impose. Pour nous, Messieurs, déplorant l'affreuse fatalité dont Thiery a été si long-temps, si cruellement victime, nous ne cesserons d'élever la voix pour publier, pour faire triompher son innocence.

C'est ainsi que s'exprima le ministère public dont les fonctions sont presque toujours d'aggraver les fautes et les torts d'un coupable pour le faire punir conformément aux lois. J'étais innocent, il crut de son devoir de proclamer mon innocence et me rendit justice.

(1) Les scélérats n'en ont pas! *Note de Thiery.*

FIN.